和谐校园文化建设读本

沙场点兵

SHACHANG
DIANBING

王 艳/编写

吉林出版集团股份有限公司

吉林教育出版社

图书在版编目(CIP)数据

沙场点兵 / 王艳编写. —长春：吉林教育出版社，
2013.1（2023.2重印）
（和谐校园文化建设读本）
ISBN 978-7-5383-8943-2

Ⅰ．①沙… Ⅱ．①王… Ⅲ．①军事教育—中国—青年
读物②军事教育—中国—少年读物 Ⅳ.①E251-49

中国版本图书馆 CIP 数据核字（2013）第 008945 号

沙场点兵
SHACHANG DIANBING

王艳　编写

策划编辑	刘 军　　潘宏竹		
责任编辑	付晓霞	**装帧设计**	王洪义
出版	吉林出版集团股份有限公司（长春市福祉大路5788号　邮编　130118）		
	吉林教育出版社（长春市同志街 1991 号　邮编　130021）		
发行	吉林教育出版社		
印刷	北京一鑫印务有限责任公司		
开本	710 毫米×1000 毫米　1/16　　**印张** 12.5　　**字数** 159 千字		
版次	2013 年 1 月第 1 版　　**印次** 2023 年 2 月第 2 次印刷		
书号	ISBN 978-7-5383-8943-2		
定价	39.80 元		

编 委 会

主　　编：王世斌

执行主编：王保华

编委会成员：尹英俊　尹曾花　付晓霞
　　　　　　刘　军　刘桂琴　刘　静
　　　　　　张　瑜　庞　博　姜　磊
　　　　　　潘宏竹
　　　　　　（按姓氏笔画排序）

总　序

千秋基业，教育为本；源浚流畅，本固枝荣。

什么是校园文化？所谓"文化"是人类所创造的精神财富的总和，如文学、艺术、教育、科学等。而"校园文化"是人类所创造的一切精神财富在校园中的集中体现。"和谐校园文化建设"，贵在和谐，重在建设。

建设和谐的校园文化，就是要改变僵化死板的教学模式，要引导学生走出教室，走进自然，了解社会，感悟人生，逐步读懂人生、自然、社会这三本大书。

深化教育改革，加快教育发展，构建和谐校园文化，"路漫漫其修远兮"，奋斗正未有穷期。和谐校园文化建设的研究课题重大，意义重要，内涵丰富，是教育工作的一个永恒主题。和谐校园文化建设的实施方向正确，重点突出，是教育思想的根本转变和教育运行机制的全面更新。

我们出版的这套《和谐校园文化建设读本》，既有理论上的阐释，又有实践中的总结；既有学科领域的有益探索，又有教学管理方面的经验提炼；既有声情并茂的童年感悟；又有惟妙惟肖的机智幽默；既有古代哲人的至理名言，又有现代大师的谆谆教诲；既有自然科学各个领域的有趣知识；又有社会科学各个方面的启迪与感悟。笔触所及，涵盖了家庭教育、学校教育和社会教育的各个侧面以及教育教学工作的各个环节，全书立意深邃，观念新异，内容翔实，切合实际。

我们深信：广大中小学师生经过不平凡的奋斗历程，必将沐浴着时代的春风，吸吮着改革的甘露，认真地总结过去，正确地审视现在，科学地规划未来，以崭新的姿态向和谐校园文化建设的更高目标迈进。

让和谐校园文化之花灿然怒放！

本书编委会

目录

兵学鼻祖，王者之师

——《孙子兵法》的军事思想

说起《孙子兵法》，人们马上就会想到它的一句名言："知彼知己，百战不殆。"实际上《孙子兵法》所包含的内容要远比这句话丰富得多。《孙子兵法》又称《孙武兵法》、《吴孙子》，相传为春秋末期吴国将军、军事家孙武所著。《孙子兵法》在中国被誉为兵学圣典，列《武经七书》之首，在世界上被举为兵学鼻祖，为许多国家列为军事人员必读书。

《孙子兵法》反映了春秋末期新兴地主阶级的军事思想，提出了许多至今仍富于生命力的军事原则。

第一，关于战争的看法，孙武认为国家发动战争必须慎重。

因为"兵者，国之大事，死生之地，存亡之道，不可不察也"。也就是说，战争是直接关系到国家存亡的大事，必须认真对待，不能穷兵黩武，进行不义战争，而要以安国、保民、全军为立足点，否则就不能取得胜利，甚至遭到败亡。在战争这个问题上，他还特别强调指导战争的统帅及其将领，必须研究战争的规律，掌握战争的一般原则。他认为政治、天时、地利、将领、法制这五个方面是决定战争胜负的基础，只有认识和掌握战争的客观规律，坚持正确的指导原则，制订正确的作战计划，才能预见到战争的胜负。

从战争实际出发，孙武提出了著名的"知彼知己，百战不殆"的作战指导思想，这是他军事思想的精华。他指出，"凡军之所欲击，城之所欲攻，人之所欲杀，必先知其守将、左右、谒者、门者、舍人之姓名，令吾间必索知之"，又说，"知敌之可击，而不知吾卒之不可以击，胜之半也"，还说，"不知诸侯之谋者，不能豫交；不知山林、险阻、沮泽之形者，不能行军；不用乡导者，不能得地利"。也就是说，只有确切了解敌情、我情、地形、天气等方面的实际情况,才能对战争做出正确的指导。因此,孙武下结论说,"知彼知己,百战不殆;不知彼而知己,一胜一负;不知彼不知己,每战必殆。

第二是战争战略思想。

孙武提出了不战而屈人之兵的全胜战略。"凡用兵之法,全国为上,破国次之;全军为上,破军次之;全旅为上,破旅次之;全卒为上,破卒次之;全伍为上,破伍次之。是故百战百胜,非善之善者也;不战而屈人之兵,善之善者也。""故善用兵者,屈人之兵而非战也,拔人之城而非攻也,毁人之国而非久也,必以全争于天下,故兵不顿,而利可全,此谋攻之法。"在孙武看来,战争是国家存亡攸关、军民生死搏斗的流血斗争,而既要避免流血,又要取得战争的胜利,最好的策略是以全争于天下,即一定要以全胜的计谋求胜于天下。这全胜的计谋就是伐谋、伐交。孙武认为实现政治目的既可以采取军事手段,也可以采取非军事手段。立足于非军事手段的战略策略,称之为伐谋、伐交。在谋略上战胜敌人,谓之伐谋;在外交上战胜敌人,谓之伐交。通过谋略与外交实现政治目的,不损一兵一卒,自然是至善至美,不战而屈人之兵的全胜战略了。

第三是避实击虚的易胜论。

当自己处于弱势而又要战胜强敌,有什么制胜的法宝呢?孙武的打法是避实而击虚,就是打击敌人之要害。所谓虚敌,就是乱敌、怯敌、饿敌、劳敌,兵力寡少之敌,戒备松弛之敌。怎样使敌人由逸变劳、由饱变饥呢?就是要"出于其所以必趋也";怎样使自己的军队行千里而不劳呢?就是要"行于无人之地也";用什么办法才能做到攻而必取呢?就是要攻其所不守也;用什么办法才能"进而不可御"呢?办法是"冲击虚也";怎样才能达成"故我欲战,敌虽高垒深沟,不得不与我战"呢?方法是"攻其所必救也"。总之,用今天的话来概括,就是要集中优势兵力,以敌人既是要害又是虚弱之处为打击目标,以己之长,击敌之短,使己之虚转化为实,使敌人之实转化为虚。这就是所谓的胜于易胜。

第四是用兵八法和五围十攻。

孙武说"故用兵之法:高陵勿向,背丘勿逆,佯北勿从,锐卒勿攻,饵兵勿食,归师勿遏,围师必阙,穷寇勿追"。这就是著名的用兵八法。

"高陵勿向",当敌军占据高山、居高临下进行防守时,我军不可仰攻。

"背丘勿逆",敌军利用丘陵有利地形,依据高地进行防守,我军不可正面进攻。

"佯北勿从""饵兵勿食",敌人佯装败走,利用小利诱我,切不可上当。

"锐卒勿攻",对于兵力强大、士气旺盛之敌,不可死打硬拼,应当避其锐气,击其惰归。

"归师勿遏",撤退回归的军队,人怀归心必能死战,因而不可阻截,不可追击。

"围师必阙",必须给包围之敌以生路,这样敌必不死战。

"穷寇勿追",穷寇不是夺路逃走的败军,而是决心死战之敌。因此,不要威逼太甚,以防困兽犹斗。

孙武还根据敌我力量的不同,提出了所采取的不同战法。

"故用兵之法,十则围之,五则攻之,倍则分之,敌则能战之,少则能守之,不若则能避之。"这即所谓十围五攻。这里的"十""五"不是实指,只是就一般的力量对比情况。这六种兵力对比情况和六种处置方法,反映了战斗的一般规律。

第五是九地六形的军事地理论。

孙武特别重视地理在战争中的重要地位,他不仅划分了九地和六形等重要的军事地理,而且还据此制定了战术地形的作战原则。

九地，即散地、轻地、争地、交地、衢地、重地、圮地、围地、死地。

六形，即通、挂、支、隘、险、远。

平原作战原则："平陆处易，而右背高，前死后生，此处平陆之军也。"就是说，要选择平坦开阔的地带展开兵力，同时将主要侧翼依据于高地。

山地作战原则："绝山依谷，视生处高，战隆无登，此处山之军也。"就是说，在山地行军，必须实施强行军，不可常行军，注意选择有水草之利和高地之险的地区作为依据，以保持可以随机应变的有利态势。

江河作战原则："绝水必远水，客绝水而来，勿迎之于水内，令半济而击之，欲战者，无附于水而迎客，视生处高，无迎水流，此处水上之军也。"就是说，部队通过江河后必须迅速远离河流，目的是避免背水作战，要引诱敌人渡河，在其半数未渡之时发起攻击，如果我方不准备迎战，那就要面水列阵，必须面阳而居高，不要处于下游。

《孙子兵法》的军事思想是十分丰富的，作为一部兵书，它给予人的影响远不止于军事，人们对其有"王者之师"的称谓，足以想见《孙子兵法》的重要和深远影响。

用兵之法，教戒为先，以治为胜

——《吴子》的治军方略

《吴子》是我国古代与《孙子》并称的著名兵书。这部书反映了战国时代战争的特点，相传为战国时期军事家吴起所作。

据《汉书·艺文志》记载，《吴子》共 48 篇，但传下来的仅有 6 篇，这 6 篇分别叫作《图国》《料敌》《治兵》《论将》《应变》《励士》，总共不过 5000 字，记载于《武经七书》之内。与《孙子兵法》相比，《吴子》在建军思想、作战指挥艺术、一般战术原则等方面，又有了新的发展。尤其是他的治军思想，独树一帜，很有建树。大致可以概括为以下三个方面：

一、"治国之道，内修文德，外治武备，先戒为宝。"

这是什么意思呢？他从魏国的实际出发指出：像魏国这样四面受敌的国家，要想能够立于不败之地，首先要搞好国内的政治和经济，以争取民心，这就是所谓"内修文德"。其次必须加强军事力量，要把民众中勇敢强壮的人，乐于拼死向前的人，愿意献功的人组成精锐的军队，也就是"外治武备"。但是，仅仅做好了这些还不够，更为重要的是：必须时刻保持警惕，加强武备。也就是"治国之道，先戒为宝"。他告诫部将，"备者，出门如见敌"，"戒者，虽克如始战"。这就是说，平时出门，也要如临敌，胜利之后也要像开始作战时一样，平时和胜后这两个最容易松懈的时候，都不要放松警惕，才能经常保持敌情观念，常备不懈，否则容易被敌人潜伏偷袭。据说，吴起在魏国领兵防守西河时就是这样做的，与诸侯大战 76 回，全胜 60 回，打败了四方之敌，占据大片土地，使魏国成为战国初期的大诸侯国。

二、"兵不在众寡,而以治为胜。"

魏武侯问吴起:"怎样才能使军队打胜仗呢?"吴起回答说:"依靠严明的治军。"也就是"以治为胜"。魏武侯又问:"不在于军队的多寡吗?"吴起说:"如果法令不严明,赏罚不令人信服,鸣金不止,击鼓不前,即使拥有百万军队,又有什么用处呢?"所以他非常强调军队"以治为胜",认为军队必须严明法度,规定明确的号令作为行为准则,必须用严格的组织纪律来约束将士。规定鼙鼓金铎为耳听的号令,旌旗麾帜为眼见的号令,禁令刑罚要铭记在心,这三者必须严格遵从,否则,国家必败于人。为了使三种号令深入人心,为军士严格服从,吴起又强调"三乐",即"发号布令人乐闻,兴师动众人乐战,交兵接刃人乐死"。这就要使军士自觉自愿听从号令,所以他指出要任贤用能,优劣得所;将帅要爱兵卒,并且身先士卒。据说,吴起非常爱兵,《史记》中说他能够和最下层的士卒同衣食,睡觉不用席子,行军不用车马,自己携带军粮,与士卒同劳苦,能够为生病疽的士兵吮吸伤口,实在难能可贵。

三、"用兵之法,教戒为先。"

这一点的意思是在于指出严格训练是提高军队战斗力的重要因素。在战斗中,士兵往往死于本领不高,失败于技艺不熟。这些都缘于平时训练水平不高,因此"用兵之法,教戒为先",教育训练是第一位的。《吴子》中制定了一个由一人而至三军的训练方法:"一人学战教成十人,十人学战教成百人,百人学战教成千人,千人学战教成万人,万人学战教成三军。"训练的目的要使士兵在作战中能方能圆,能坐能立,能行能止,能左能右,能前能后,能分能合,能解能结。只有经过反复的训练才能使士兵适应灵活多变的阵法、战法。他对一支训练有素的军队的要求是:驻扎时有秩序,行动时威武,进攻时敌人不能阻挡,后撤时能够甩掉敌人,前进或退却时井然有序,左右移动时听指挥,虽被隔绝但阵势不乱,虽被冲散但能恢复行列,团结一致,上下一心。用这样的军队投入战斗,是任何敌人也阻挡不住的。据说,魏国的"武卒"、楚国的"强兵",就是按照这种教战的方法和严格要求训练而成的当时战斗力最强的军队。

从上面的介绍可以看出,《吴子》所体现的治军思想的确有独到之处,它丰富了我国古代的军事理论,它不仅对当时的战争实践起了重要的指导作用,而且也一直为后人所重视,成为《武经七书》之一,是历代军谋家必读之书,即便在今天仍有一定的借鉴意义。

以"道"制胜，以形相胜

——《孙膑兵法》的战势论

《孙膑兵法》又称《齐孙子》，我国古代著名兵书，相传为战国时期齐国军事家孙膑所著，原书共 4 卷 89 篇，在东汉末年失传，现存 30 篇，约 11000 字。

孙膑以他的军事实践和我国早期军事理论为基础，总结和吸收了战国前期的战争实践经验，提出了以道制胜、以形相胜的战略战术思想。其中最富有创造性的是他的战势理论。

他认为战争形势的有利与不利，就像天下万物有生有死、有能有不能一样，是永远存在着的客观事实。因此，凡是有形体的事物，没有不可以被认识的，而凡是能够认识的事物，又没有不可以被制胜的。战争，是通过各自不同的作战方式去夺取胜利的，任何一种作战方式没有不可被制胜的，但是人们却不知道怎样灵活运用这些作战方式。各种作战方式互相制胜的变化，可以和天地共存而变化无穷，某一种作战方式都是以它特有的长处去制胜另一种作战方式的。用某种一成不变的作战形式去制胜千变万化的作战形式，那是不可能的。优秀的指挥员必须因势利导、掌握战争的主动权，争取有利于己、不利于敌的态势。要有卓越的洞察力，见到敌人的有利方面，就知道它的不利方面，见到敌人的弱点，就知道它的强项。预见胜利，就像看见日月那样明显。

善战者的克敌制胜，就像用水灭火一样。用公开的常规战法对付敌人公开的常规战法，这是正；用秘密的特殊战法对付敌人公开的常规战法，这是奇。奇正变化无穷，就在于要根据情况的不同而灵活地组织部署兵力。要以己之静待敌之动，以己之逸待敌之劳，以己之饱待敌之饥，以己之治待敌之乱。出奇制胜的行动没有被敌人发觉而采取反措施，就会取得胜利。指挥作战的将领，要正确掌握作战的形势，打胜仗的要给予奖励，打败仗的要予以撤换，疲劳的部队要让它休息，饥饿的部队要给予饱食。这样士兵就会因形势有利而勇敢作战，这就好像引导水流顺势而下一样，巨大的势能能够漂起石头冲毁舟船。古人称孙膑"贵势"，是抓住了孙膑作战思想的特点的，他指挥的桂陵之战、马陵之战，都是因势利导，创造了有利于己的态势，以奇制胜的。这也就是所谓的"以形相胜"，即作战双方各在一定兵力的基础上，分别通过不同的战法、阵势互相争夺胜利。

孙膑军事理论的另一个重要内容，就是以道制胜。"道"就是战争规律。孙膑认为指挥打仗的将帅尤其是领一国之兵的统帅，必须懂得战争的规律。所谓懂得战争的规律，就是要上知天文，下知地理，内得民心，外晓敌情。布阵能通晓八阵变化的要领，有胜利把握就打，无胜利把握就不打。这样的人才是能够帮助国君称王天下的将领。不懂得战争规律，累战无功，而还要率兵打仗，这是希图侥幸取胜。以道制胜在具体的作战实施当中，就是要不断地具体分析敌情、我情、天时、地形，根据不同的条件采用不同的战法。布阵时兵力要分成三个部分，每阵都要配置前锋部队，前锋部队都要配置后卫部队，作战时先用三分之一的兵力对敌交锋，三分之二待机行动。对于弱小之敌，可先用前锋去攻击它；对于势均力敌之敌，则应采取迷惑和分散战术，选其一部，集中自己的优势兵力予以歼灭；对于强大之敌人，就先用弱卒去引诱它，给敌人以假象，"避而骄之，引而劳之"，然后乘其不意，攻其不备；对于凭险固守之敌，要攻其所必救、促使敌人离开险要地形和工事，然后施伏设擒，乘敌人在移动时予以歼灭。有车兵和骑兵参战时，地形平坦就多用车兵，地形险要就多用骑兵，地形狭隘就多用弩兵。但不论地形险要或平坦，战前都必须查清哪里是有利的生地，哪里是不利的死地。要让自己的部队占据有利生地，击敌于不利的"死地"。

可见，孙膑在战略战术方面，融进了许多新东西。那就是战国中期，弩和云梯等新式武器已经出现，步、骑、弩、车等多兵种的军队已经形成，作战方式也有所改变，以车战为主逐渐代之以步、骑战为主。面对这种新形势，孙膑提出了"战胜而强立"的战争观和以道制胜、以形相胜的战略战术原则，从而继承和发展了《孙子兵法》。《孙膑兵法》虽未被列入《武经七书》，但其卓越的军事理论仍使它成为中国古代的兵家经典，在军事理论史上占有重要地位。

"以战止战"，"相为轻重"

——《司马法》的战争原则与策略

《司马法》即《司马穰苴兵法》，是成书于战国中期的著名兵书。《隋书·经籍志》载该书为春秋时齐国将军司马穰苴所著。实际上包括司马穰苴对古兵法有关内容的诠释和齐国诸大臣追论的古兵法两部分内容。《汉书·艺文志》把《司马法》列为《礼类》，称《军礼司马法》，共155篇，今本仅存5篇：《仁本》《天子之义》《定爵》《严位》《用众》。

《司马法》系统总结了夏、商、周三代的军事制度作战经验，论述了战争准备、战争指导、战场指挥、兵种部署、兵器配备、天时地利的选择、军人心理及治军等问题。其中最富于价值的理论是以战止战的战争观和相为轻重的军事原则。

《司马法》认为治理国家要以仁爱为根本，采取合理的正义行为。这是正常的方法。但是如果通过正常方法达不到目的，就要采取特殊的方法，即用战争。由此提出了爱民的义战主战，即支持那些能够"安人""爱其民"和制止侵略的战争。"是故杀人安人，杀之可也；攻其国，爱其民，攻之可也；以战止战，虽战可也。"它还指出，进行战争的原则，一是不违背农业生产的季节，不要使人民多遭受苦难，为的是保护自己的人民；二是不要利用别国遭受灾害发动战争，为的是爱护别国的人民；三是不要在冬夏两季兴师出征，为的是爱护敌我双方的人民。我们不能因为国家强大就好战黩武，这样势必灭亡；同时，我们也不能因为天下太平就忘掉了战争准备，否则也必然要发生危险。所谓，"国虽大，好战必亡；天下虽安，忘战必危。"本着保国安民的这一原则，它还规定军队在进入敌国境内后，不要举行围猎，不要破坏公用建筑，不要烧毁房屋，不要砍伐林木,不要抢夺牲畜、粮食和用具。见到老幼要好好保护,不要伤害他们。遇到少壮的人.只要他们不进行抵抗就不以敌人对待。对于敌方受伤人员,应给予医药治疗并释放回去。只有这样战争才能得到拥护。所谓"内得爱焉,所以守也;外得威焉,所以战也"。在两千多年前能提出这样的战争观的确是难能可贵的。

《司马法》认为战争是由诸多因素组成的。而这诸多因素又无非是轻重这样两个对立统一的因素。"凡战,以轻行轻则危,以重行重则无功;以轻行重则败,以重行轻则战。故战,相为轻重。"也就是说,战争中克敌制胜的关键在于认识并处理轻与重的关系。轻是相对于重而言的,战争中一定要从实际出发,相辅而行,即所谓相为轻重。

在战争部署上,"既固勿重,重进勿尽,凡尽危。"就是说,工事营垒等已经很坚固了,就不要再浪费时间去加强,攻击重点形成之后,不要把预备队全部投入战斗,作为指挥员,手中不掌握一点预备队,那将是很危险的。

在军事指挥上,主张"上烦轻,上暇重"。认为上级命令烦劳就使下级轻进无功,上级命令闲暇,就使下级持重有功。

在军队训练问题上,主张"教惟豫,战惟节",即对于军民的教育训练,一定在平时就认真做好;在战斗中,一定要统一指挥。"国容不入军,军容不入国。"就是说治国的一套不能治军,否则军人的尚武精神就会削弱。一支训练有素的军队在战争中才会有坚强的纪律性和战斗力,才能所向披靡,才能守必固,攻必克。

在军队号令上,提出"奏鼓轻,舒鼓重"。它认为总是一味命令军队快速前进,就会紧张疲惫,使士兵的体力难以持久。为了使战斗更有效地进行,在交战中,"奏鼓"与"舒鼓"应当交替使用,但要以舒鼓为主,体现出以重行轻的原则。

在兵器配备上,主张"行惟疏,战惟密,兵惟杂"。"兵不杂则不利,长兵以卫,短兵以守。太长则难犯,太短则不及。太轻则锐,锐则易乱。太重则钝，钝则不济。"就是说，各种不同性能的兵器只有配合使用，才能发挥"长以卫短，短以救长"的效用。这样既能长久，又能产生强大的威力，即所谓"迭战则久，皆战则强"。

《司马法》所体现的这些军事思想，使它在中国军事理论史上占有很重要的地位。司马迁认为它的内容"闳廓深远，虽三代征伐未能竟其意，如其文"。唐代李靖认为，"今世所传兵家者流，又分权谋、形势、阴阳、技巧四种，皆出《司马法》也"。宋代将《司马法》列为《武经七书》之一，规定将校必读。早在1772年，它和《孙子》《吴子》一起，被译成法文在巴黎出版，足见其地位和影响。

天官时日，不若人事

——《尉缭子》的军政一体论

《尉缭子》为《武经七书》之一，相传为梁惠王时尉缭所作。尉缭具体生卒年代和生平事迹，史书均无记载。《汉书·艺文志》有《尉缭子》31篇，今本仅存5卷24篇，万余字。

《尉缭子》作为兵书的重要特点，就是以战争为立足点，较为全面地论述了战争的军事方面、政治方面和经济方面，并把这三者紧密联系在一起，看作是一个整体。

在军事上首先要对战争有全面的认识。他指出有道胜、威胜、力胜等三种不同而又相互联系的取胜策略。"讲武料敌，使敌之气失而师散，虽形全而不为之用，此道胜也。审法制，明赏罚，便器用，使民有必战之心，此威胜也。破军杀将，乘闉发机，溃众夺地，成功乃返，此力胜也。"也就是政治取胜，军事威慑取胜，战斗交锋取胜。尉缭认为懂得了这三种取胜方法，就全面掌握了战争主动权。他还指出，将帅指挥的正确与否，对于战争的胜利关系很大。"权敌审将而后举兵"，"将帅者心也，群下者，支节也"。就是在战争开始之前要正确分析敌情，慎重地选择将帅，然后再出兵打仗。将帅与士卒之间，要像心（大脑）与四肢那样协调一致，成为一个整体，方能谋略高明，机智果断地进行正确指挥，夺取战争的胜利。

在政治上，他认为政治与军事的关系，就像植物的躯干同种子的关系。"兵者，以武为植，以文为种，武为表，文为里，能审此二者，知胜负矣。"军事上的胜利取决于国家良好的政治制度和措施，没有良好的政治，就不能有强大的军事力量，而军事又是解决政治问题的手段。因此，只有国家富足而政治安定，才能"战胜于外""威制天下"。他还明确阐述了"兵胜于朝廷"的道理。主张从整顿政治入手，健全国家制度，明确君臣职守，公正审理案件，给受株连的众多良民平反，安抚流离失所的百姓。在国家内必须贯彻法制，应该"刑上究""赏下流"。所谓"刑上究"就是"当杀而虽贵重必杀之"；"赏下流"就是"牛童马圉者"，该赏的也要赏到。尉缭认为"杀之贵大，赏之贵小"，敢于杀掉其罪当杀的大人物，不忘奖赏有功当赏的小人物，刑法才能真正起到应有的作用。只有这样才能使政治清明，也才能在政治上争取人心。

在经济上，强调发展生产对于军事的重要意义，把发展农业作为治国之本。只有发展生产，使"野充粟多"，才能"安民怀远，外无天下之难，内无暴乱之事"。尉缭认为"土广而任则国富，民众而制则国治"。而能否做到这一点，关键在于"朝廷"。只要朝廷能使国家既富且治，能够做到"使天下非农无所得食，非战无所得爵"，老百姓就会"扬臂争出农战"，国家就可以"威制天下"，"天下无敌"。尉缭还进一步指出，国富虽然是强兵的前提条件，欲强兵必先富国，但国富并不等于兵强，还必须防止"上满下漏"，上层富得不得了，下层穷得不得了的情况，在富国同时把强兵放在首位，把强兵作为根本的根本。

如果上述这三个方面都做到了，那么国家就有了百战百胜的基础。但这还不够，这些仅仅是条件，要想真正做到百战百胜，还必须依靠人的作用。在尉缭看来，国之治乱，军之胜负，关键在于人，在于人的主观能动作用是否得到了正常发挥。"苍苍之天，莫知其极。帝王之君，谁为法则，往世不可及，来世不可待，求己者也。""举贤任能，不时日而事利；明法审令，不卜筮而事吉；贵功养劳，不祷祠而得福"，"天时不如地利，地利不如人和。圣人所贵，人事而已"。所谓"刑以伐之，德以守之，非所谓天官时日阴阳向背也。黄帝者，人事而已矣"。就是说，用武力去征伐敌人，用仁德治理国家，并不是靠天官（天文星象）、时日、阴阳、向背。黄帝所说的，不过是人的作用罢了。所以尉缭的结论是"天官时日，不若人事"。尉缭这种重视人的主观作用的思想在当时是有积极意义的,表现了朴素的唯物主义军事思想。

《尉缭子》创作的年代,正是我国历史上一个大的转折关头,即由奴隶社会向封建社会过渡,由诸侯割据向专制中央集权转变的时代。在战争频繁并有决定意义的情况下,《尉缭子》的出现无疑具有相当重要的作用,尉缭是有作为的天才军事家。

中国最古老的"司令部"

——《六韬》的军事组织原则

战争无论大小，它都必须有一个完备的指挥系统，这个指挥系统，我们现在称它为司令部。那么，在古代这个指挥系统是怎样组成的呢？看完《六韬》之后就了解了。

《六韬》为《武经七书》之一，是我国古代军事著作的代表。相传为周初吕尚（姜子牙）所作。据史学家考证，它成书于战国末期，而非吕尚所作。全书分为《文韬》《武韬》《龙韬》《虎韬》《豹韬》《犬韬》，共60篇。它通过文王、武王同吕尚的问答形式，阐述了新兴地主阶级的军事思想。首先它认为战胜攻取必先"富国""爱民"，要顺农时、薄赋敛、休养生息、增强实力。其次，在战略上要求做到"全胜无斗，大兵无创"（不交战而获全胜，大举兴兵而无伤亡）。在实施进攻时，其基本方针是通过"欲其西，袭其东"的战略，达到突然袭击的目的。再次，是保存了许多关于古代军事方面的典章制度的历史资料。其中尤以对古代司令部的组织及其人员职责的记述最有参考价值。

周武王问姜子牙，"君王统率军队，左右必须有得力的人相辅，以形成威武神奇之势，那么怎样做到这一点呢？"姜子牙说，"凡兴师动众，须以将帅来掌握军队的命运。因此，将帅的选择必须要量才授职，取其所长。我看君王统率军队必须要有72人来辅佐。如果这些人按规定如数设置，您就可以详知将帅掌握军队命运的道理，发挥各种人才的特殊才能。如此，你就可以运筹帷幄，决胜千里啦。"周武王听后非常高兴，他请姜子牙快把这72个人的职责作详细的介绍。于是姜子牙就按照司令部的职能和组织体制，提出了司令部组成人员的分工职责。

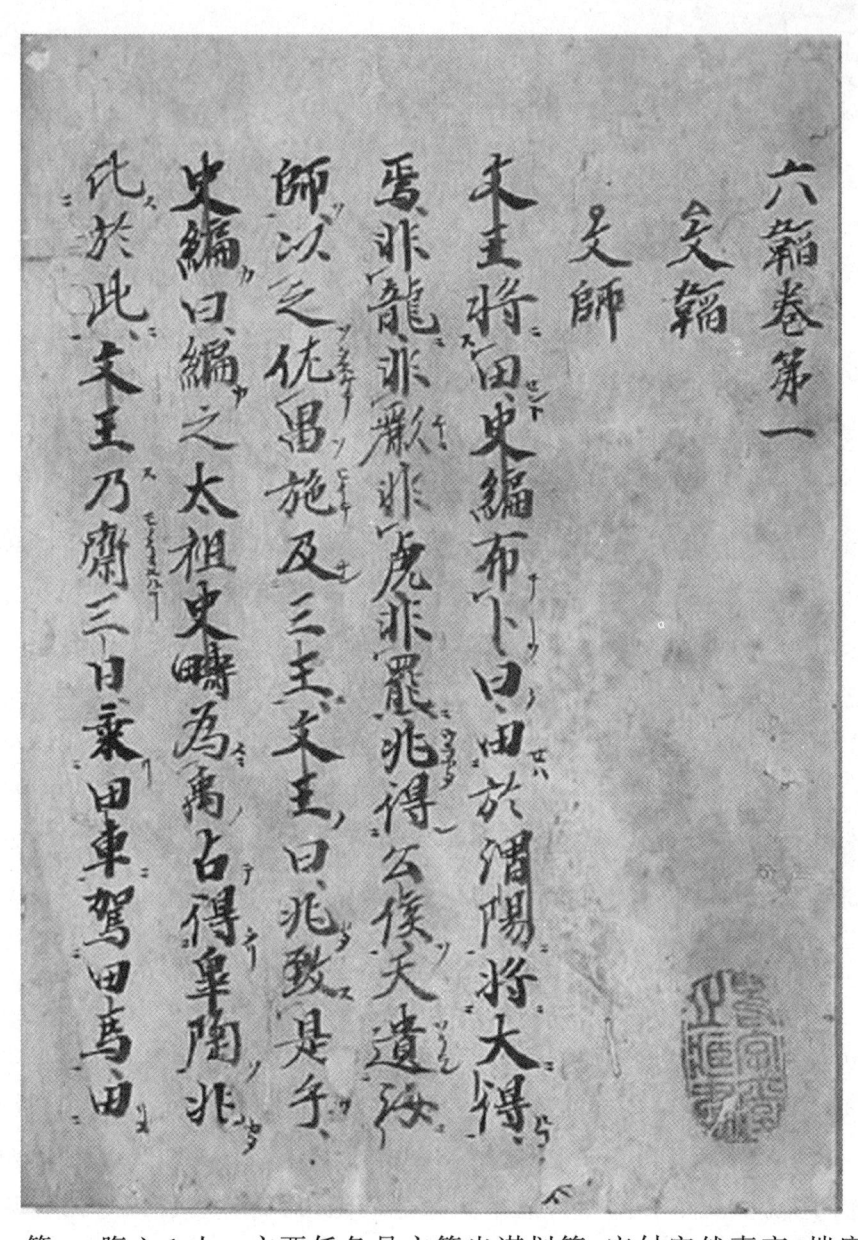

第一，腹心1人。主要任务是主管出谋划策，应付突然事变，揣度天象，消除变乱，总揽计谋，保全民命。这个人按现在的分工，就是军队的参谋长。

第二,谋士5人。主要任务是谋取安稳,评估将士的德才,严明赏罚,授予官职,决断嫌疑问题,提出建议。

第三,是天文3人。主要任务是负责研究季节、气候等天时条件对军队行动的影响,制定趋利避害的行动措施和方案。

第四,地利3人。主要工作是搞地理形势的调查,整理地形资料和研究在军事上的应用。

第五,兵法9人。主要任务是讲解评论各种兵法的异同,探讨过去战争胜败的原因,检查武器和训练情况,调查处理违犯军法的人。

第六,通粮4人。主要任务是计算给养,筹备贮存,疏通粮道,征集粮秣,不能让军队因缺少粮草而影响战斗力。

第七,奋威4人。主要任务是选择有才能的勇士,研究选择优良的武器装备,采取闪电攻击,实施出敌意外的战略战术。

第八,伏鼓旗3人。主要任务是用旗鼓进行指挥,统一作战行动,造假符节,发假号令迷惑敌人。

第九,股肱4人。主要任务是执行艰巨的工作,担负繁重而艰难的使命,负责修建沟堑障碍,构筑壁垒工事,以防敌人之进攻。

第十,通才2人。主要任务是指出将帅的不足,以弥补他的过失,负责接待外来使者,消除祸患,解除纠纷。

第十一,权士3人。主要任务是出奇谋诡计,安排绝术异法。所有这些不仅要做到不为敌人识破,而且要不断变化,出敌意外。

第十二,耳目7人。主要任务是在与敌国往来接触中,听其言说,观其动静,观察各方面的变化,留心各方面的情况。

第十三,爪牙5人。类似现代的宣传鼓动工作者。其主要职责是宣扬军威武勇,激励军队的士气和斗志,使将士敢于冒着困难前进。

第十四,羽翼4人。主要任务是宣扬己方将帅的声誉,用以威震远方、惊动邻国,以此来削弱敌人的斗志。

第十五,游士8人。主要任务是窥伺和侦察敌人的内部情况,等候敌国的变乱,掌握敌国的动态,进行间谍活动。

第十六,术士2人。即使弄妖术的人。主要任务是搬神弄鬼,迷惑众心,以达到统一步调和认识的目的。

第十七,方士3人。即军队的医生。主要任务是管理各种药品,治理兵器创伤,医治各种疾病。

第十八,法算2人。类似现代的会计师。主要任务是负责计算全军的营垒的修造,粮食的收支,以及各种资材的支出与收入。

姜子牙论述的司令部的18项任务,除了"术士"一项之外,其他各项对我们都有一定的参考作用。他所建立的古代司令部指挥体系,尽管与现代军队司令部的组织体制有很大不同,但今天的司令部工作仍没有脱出其轮廓。可以说,今天的司令部工作是古代司令部工作的演变和发展。从中可以看出我国古人的设想是十分周密而富于创造性的。

统军驭将之法

——《三略》的军事哲学思想

《三略》又称《黄石公三略》,《武经七书》之一。历代多以为是黄石公所著。但据考证,《三略》既非黄石公所著,亦非张良在圮桥所受之书。从著录书中内容看,《三略》在东汉以前已具雏形,其成书当在西汉末期。

《三略》与其他兵书相比有三个不同的特点。

一是在形式上,《孙子》以后的兵书著作多是问答体。像《吴子》《司马法》等。而《三略》则改问答为引文。在三略中,有两略就是征引古代兵书的。像上略有《军谶》,中略有《军势》。

二是在内容上,我国汉代以前的兵书大都以人名为书名。像《孙子》《尉缭子》等。而《三略》则以论述的内容为书名。开我国以"略"题命名兵书之先河。

三是在思想体系上,儒道并蓄,兼采兵家和法家之长。以儒道为体,管孙为用,王霸兼施,是兵家中的杂家。

《三略》分上略、中略、下略三卷,约 4000 字。它上承《孙子》,系统地讲述了国君及其理国治军,选拔将帅,带兵打仗的统治谋略。如果说《孙子》是战略之祖的话,那么,《三略》便堪称政略之祖了。可以说阐述安邦治国,统军驭将的政治谋略,是《三略》的核心内容。它主要体现在以下几个方面:

一、重视民众在战争中的决定作用。

书中指出:"英雄者,国之干,庶民者,国之本。""夫统军持势者,将也;制胜破敌者,众也。""为国之道,恃贤与民。""军国之要,察众心,施百务。"这就是说作为国家的统治者和军队的统帅,都必须牢记这一条,英雄是国家的骨干,民众是国家的根本。所以"主将之法务揽英雄之心",赏禄有功,要"通志于众"。有了民众的支持,有了英雄的领导,才能"不失人心,德乃洋溢"。因此关系战争胜负的决定因素就是民众。作为统治者必须看到民众的力量,必须重视民事。"兴师之国,务先隆恩。攻取之国,务先养民。"这一思想同孙子、吴子相比是一个明显的进步。

从这一思想出发,《三略》非常重视士卒的作用。它认为没有纪律严明,英勇善战的士卒,是不可能取得战争的胜利的。因此,它告诫将帅要爱护士卒,尊重士卒,要与士卒同生死共患难。"夫将帅者,必与士卒同滋味而共安危,敌乃可加,故兵有全胜,敌有全因。"将帅要与士卒一样,"冬不服裘,夏不操扇,雨不张盖"。只有这样,士卒才会感激奋发,才可对敌作战,使己方取得全胜,把敌人全部消灭。所以"良将之养士,不易于身,故能使三军如一心,则其胜可全"。就是说,优秀的将帅教养士卒,就像对待自己一样对待士卒,所以能使万众一心,取得全胜。

二、选拔将帅任人唯贤,因人而用。

《三略》中贯穿始终的一个中心,就是如何招贤纳士,驭将用人。主张任人唯贤,反对任人唯亲。《军谶》曰:"贤者所适,其前无敌。故士可下而不可骄,将可乐而不可忧,谋可深而不可疑。"就是说贤人所归向的国家,天下无敌。所以治国安邦的重要谋略就是要招贤纳士,要"崇礼而重禄。礼崇则智士至,禄重则义士轻死。"智能之士,不易得,要去迎,所谓"千里迎贤"。"贤人所归,则其国强;圣人所归,则六合同。""贤去,则国微。圣去,则国乖。"因此,英明的君主远迎贤人,就能成全功业;尊重贤人,臣下就会尽心竭力。《三略》陈述了不能用贤的种种恶果:"伤贤者,殃及三世;蔽贤者,身受其害;嫉贤者,其名不全。""废一善,则众善衰。赏一恶,则众恶归。"

《三略》不仅强调任人唯贤,而且还提出,用人要用其所长。"使智、使勇、使贪、使愚。智者乐立其功,勇者好行其志,贪者邀趋其利,愚者不顾其死,因其至情而用之。此军之微权也。"就是说,使用有智谋、勇敢、贪利和愚笨的人的方法是不同的。有智谋的人喜欢建功立业,勇敢的人喜欢实现自己的志向,贪利的人喜欢追求利禄,愚笨的人不顾牺牲。根据他们的不同特点,因人而使用。这就是军队将帅用人的微妙权术。

三、将帅要具有优良的品质和广博的知识。

《三略》和《孙子》《吴子》一样都很注重将帅的品德。指出"虚、勇、动、怒"是为将的明戒,与其他兵书不同的地方是《三略》要求将帅有广博的知识和才能。要求将帅要做到"能清、能静、能平、能整、能受谏、能听讼、能纳人、能采言","能知国俗、能图山川、能表险难、能制军权"。要掌握"仁贤之智,圣明之虑,负薪之言,廊庙之语,兴衰之事"。不仅要懂得军事,而且还要懂得政治,要"明盛衰之源,通成败之端,审治乱之机,知去就之节"。总之,一位优秀的将帅应该是文武全才,而不应仅仅是一介武夫。这一思想的提出在当时是难能可贵的。

《三略》虽不及《孙子》那样博大精深,但在中国古代也确是一部有影响而实用的兵书,为历代军谋家所重视。

奇正相变,攻守相应

——《李卫公问对》的用兵之道

《李卫公问对》,全称是《唐太宗李卫公问对》,是唐太宗李世民与卫国公李靖多次谈兵的言论辑录。全书约98次问答,一万余字,每一问答,都有相对的独立性。书中探讨的问题十分广泛,有用兵原则,阵法布列,古代军制,兵学源流,攻防关系,军事教训,边防建设等。其中尤以对"奇正"的阐发最为突出,这也是该书最核心的内容。

李世民问李靖:"奇兵和正兵是平时区分的呢,还是临时决定的呢?"李靖答:"奇正相互变化,就像圆环没有端末一样,哪有平时加以区分的呢?如果士卒还未学会我的战法,部将们还未熟悉我的号令,就必须区分为敌我两军进行演练,演练时,让他们各自识别本队的旗帜和鼓音,反复地互相分合变化,这就是分合为变的训练方法。经过训练,大家都知道我的用兵之法,然后指挥部队,谁还能识别出我军的奇兵、正兵呢?用假象迷惑敌人,但又不暴露我军的真情,这才是奇正变化达到了最高的境界。所以平时区分奇正是为了训练而采取的方法,而临战时的奇正变化是无穷尽的。"

李世民又问:"曹操说,奇兵就是从侧面打击敌人,你认为是这样吗?"李靖答:"我的意见是:主力同敌人交战的是正兵,将帅自己临机应变,出奇制胜的才是奇兵。哪有拘泥于先后和侧击的说法呢?"

李世民接着李靖的话说,"依着你的思想,也就是我的正兵,使敌人误以为是奇兵;我的奇兵,使敌人误认为正兵。这就是所谓用假象欺骗敌人,善于变奇兵为正兵,变正兵为奇兵,奇正变化,使敌人无法推测,这就是所谓不暴露我军真情的无形吧?"李靖回答说:"是的,陛下。"

李世民继续发问:"军队的分开和组合在进行变化时,奇和正的关系又在哪里?"

李靖说道:"善于用兵的人,无处不是正,无处不是奇,使敌人无法判断,所以他们指挥作战,正兵能胜,奇兵也能胜。全军将士,只知道胜利了,却不知道是怎样取得胜利的。如果不是把奇正的变化融会贯通,怎么能达到这种境界呢?由军队的分散集中而产生奇正变化的,只有孙武能够做到,吴起以下都比不上他。"

李世民紧接着问:"那么吴起的用兵原则是什么呢?"

李靖回答说:"概括地说,吴起的用兵原则是:两军对垒,先令勇敢的下级军官率先向敌攻击,刚一交锋就败退,这种败退不能处罚。同时注意观察敌将的应战动作,如果敌人一举一动都有节制,我军败退也不追赶,这是敌将有智谋的表现。如果敌人倾巢出动追击我方佯败的军队,有的前进,有的停止,队列纵横不齐,这是敌将没有才能的表现,要立即反击不要迟疑。我看吴起的用兵原则大体就是这样,不是孙武所说的用正兵当敌,用奇兵取胜的原则。"

《问对》还列举了诸如李靖破突厥,征西域,诸葛亮七擒孟获,晋代马隆讨凉州,太宗父子霍邑擒来老生之战,霍去病出击匈奴等许多战例来说明奇正都不是一成不变的模式,而是靠人去"变而神之"的。李靖的结论是:"大众所合为正,将所自出为奇。"它还结合虚实、示形、分合等来阐述奇正原则,这比孙武的奇正原则无疑又前进了一大步。

在《问对》中攻守关系也是着重讨论的一个问题。李靖认为历史上你攻我攻,你守我守的战例是很多的。他们共同的理由是"守则不足,攻则有余",也就是"不足为弱,有余为强",所以弱则守,强则攻。其实这种对攻守的看法是不正确的。孙武讲过这样的话,"不可胜者守也,可胜者攻也。""敌未可胜,则我且自守,待敌之可胜,攻之耳!"就是说,敌之强弱并不是决定或攻或守的理由,只有可胜不可胜才是决定或攻或守的依据。不仅如此,攻守之间关系是辩证的。"攻是守之机,守是攻之策,同归乎胜而已矣。"攻是守所创造的时机和条件,守是为了进攻而采取的策略。攻与守都服务于战胜敌人这一根本的目的。倘若把两者割裂开来,"攻不知守,守不知攻",不仅把攻守当作绝对对立的两件事,而且还把攻守当作没有统一作用的对立物,即使能"口诵孙吴",也是囫囵吞枣,而不能灵活成功地运用。

从上可以看出,这部杰作绝非未经战阵的文人学士所能著述。正是基于此,宋代才把它编订为《武经七书》之一,成为我国古代的兵家宝典。

善为兵者,必知攻守之所宜

——《何博士备论》的攻守之策

《何博士备论》是一部战史评论性的兵书。作者是北宋何去非。何去非字正通,福建浦城人。宋神宗元丰五年(1082年)以对策入仕,历任武学博士、徐州教授、庐州通判等官,曾参加过《武经七书》的校定工作。何去非有感于北宋军事上积弱衰败的现实,积极响应宋神宗、王安石变法图强的新政,攻读兵书战策,以古喻今,作《何博士备论》1卷28篇,共3万余字。

作者在书中以历代的兴亡成败为借鉴,极论用兵利害,详细剖析了许多战争战例和军事历史人物。强调战略决策要从根本利害着眼,确定攻守要全面分析形势,指挥作战要出奇应变。他的这些思想在当时颇有影响,苏轼称之为"出人意表,有补于世"。

《何博士备论》比较有价值的思想,当属它结合秦王朝宜守而攻的失败教训,集中阐述攻和守的原则。

秦朝是中国历史上第一个强大的中央集权国家,也是历史上比较短命的王朝,这其中固然有政治、经济上的原因,但在军事上错误决策,也是促使秦王朝灭亡的重要因素。作者由此出发,借古论今,阐发了他的攻守原则。

"兵有攻有守,善为兵者,必知夫攻守之所宜。故以攻则克,以守则固。当攻而守,当守而攻,均败之道也。"

秦国凭依着崤山和函谷关的天险,自秦穆公以后经常称霸诸侯,终于统一天下,这并不是由于它的国君世代贤能所致,而不过是得到了地利之便。秦二世时天下大乱,全国各地都起兵要消灭秦朝,不到三年就灭亡了。由于秦二世的残暴统治,秦朝灭亡是完全应得的。但是如果秦王朝懂得主动放弃已经背叛了的崤山以东地区,严密派兵防守函谷关,以此作为挽救危亡的战略方针,即使政治上继续其黑暗统治,而关中千里之地仍然是能够维持一段时间的。但秦王朝没有考虑到这一点,把全部军队交付章邯、李由指挥,令其出函谷关去千里迎敌,还摆出从前吞并六国时那样的兼敌之师的架式,这实在太荒谬了。陈胜起义,天下豪杰一呼百应,集合起来的义军就有百万,望风而降的城池就有数千。他们都是从穷乡僻壤中奋起的老百姓,共同把存亡胜败的命运寄托在拼死一战之上,兵锋是十分猛烈的。而章邯等人不懂得用固守的方针疲惫起义军,反而率领孤军,放弃崤函天险,渡过漳水和洛水,时而向左,时而向右,企图抵抗从四面八方而来的起义军,最后终于失败。章邯指挥的秦军,用以进攻则力量不足,用以防守则绰绰有余。周文曾率百万大军进逼咸阳城下,章邯三次反击而周文三次败退,终于杀了周文。假使章邯不乘胜追到关东作战,而是坐镇函谷关,加强防守,把秦军作为救败之师使用,既使关东四分五裂,而关中地区是不会崩溃的。汉景帝时的七国之乱,评论者都指责吴楚联军在战略上失策,不懂得封闭成皋的通道口,使汉军将军一天通过成皋者达数十人之多,于是导致失败。现在又责备秦二世不该派兵到关东作战,这是为什么呢?这是因为搞军事评论的人不分析民心向背和形势的利害。秦王朝存在着可能灭亡的条件和形势,并且天下百姓也锐意要灭亡它,因此,豪杰之士起兵是顺应民心的,关东地区已不听从秦廷的役使了;而汉朝天下百姓没有背弃汉王朝的愿望,七国叛乱不符合民意,天下民众也愿意为汉王朝效命。由于关东民众已不听从秦廷的统治,秦二世怎么能派兵到关东去,并急于镇压民众呢?由于天下民众都听从汉朝的统治,汉景帝怎么能不派兵到关东去,并迅速平定叛乱呢?这就是采取进攻或防守不同战略的根据。虽然秦二世的昏乱暴政足以使其宗庙倾覆,全国反秦的形势足以推翻秦王朝的统治,而秦朝灭亡如此之快,这就是指导战争犯了严重错误造成的。兼并敌国的军队有利出击进攻,挽救败局的军队有利顽强防守,这是军事上通常的道理。秦进攻诸侯统一六国之时,军队是兼并敌国的军队,所以以进攻为手段,目的是消灭它们;待到秦末天下反秦之时,秦军集中兵力以抗诸侯,目的是要击退诸侯,所以要通过防守来击退敌方,这时的军队就是挽救败局的军队。而秦王朝违背了这一"兵之常势",所以它自然要失败灭亡的。

作者对秦王朝军事上的失败的分析确是独到的,同时也深刻地阐发了战争当采取攻守之道的原则。它不仅是对宋朝,对一般战争都有借鉴意义。

不以城为守，而以城为战

——《守城录》的守城御敌之法

《守城录》，是我国军事史上一部重要守城专著。作者陈规，南宋文臣，官至右正议大夫，以善于守城著称。1126—1132 年，金兵九犯德安，陈规率兵数千守德安，"九攻九拒，应敌无穷，十万百万，靡不退却"，中原州郡全部陷落唯德安一城独存。1139 年金兵 10 万进攻顺昌，陈规与刘锜共守顺昌，以两万人马大败金兵于顺昌城下，在长达 15 年之久的动乱岁月中，陈规作为一位文臣，能在中原坚守城池不失，说明他确有一套比较符合当时战争情况的守御之术。《守城录》就集中地反映了陈规的积极守城思想。

《守城录》共 4 卷，约 18000 字。成书于南宋初。全书由三部分组成。第一部分《靖康朝野金言后序》，作于 1140 年 5 月。他总结了汴京失陷教训，提出御敌之术。第二部分《守城机要》，是德安守城经验的具体总结。第三部分《德安守御录》是汤璹辑录的陈规在德安的守城事迹。以上三个部分本各自成书，宋宁宗以后合为一本，名为《守城录》。

陈规的守城御敌之术主要体现在《靖康朝野金言后序》之中。归纳起来主要有以下几个方面：

一、先策定险备。

战争中的攻守双方，防御者的一方，一般来说都处在被动的地位。为了在被动中争取主动，"先策定险备"是非常重要的。它是是否为善守者的一个重要标志。所谓先策定险备，就是说要事先作周密的筹划，充分估计可能发生的各种危险，做好完善的准备。如果这些都做到了，那么敌人是无法攻克的。"攻城者，有生有死；善守者，有生无死。"善守不是死守,而是要"先策定险备"。城无论大小,关键在于是否有善守之人。攻守是对立的统一,"守之不善",就使得"非攻之善"的攻显得强了。陈规认为,敌情在不断变化,具体的制敌之方也必须随之变化。金人的进攻有其特点,适应这种特点的守御之方前人是不可能给准备好的,因此就要靠当时的人们根据"金人攻城施设"的具体情况拿出合适的方法。所以他一再强调,要想守住城池"唯在于守城之人于敌未至之前,稍加思索应变之术,预为之备耳"。如果能够做到"先策定险备",那么我们也可像墨子那样做到守御有余的。

二、改革城郭旧制,增强御炮能力。

陈规认为,历史上流传下来的具有防御性质的城郭,由于大炮的广泛使用,已经不能有效地发挥其防御作用了。比如城门外的瓮墙,挡箭尚可,防炮则不行,应该除掉,而在距城门五丈远处横筑一墙,使城外人看不到城门之启闭,不知城内之虚实。即使敌突近城门,也不得直入,一旦靠近城墙,就将受到城上炮石袭击。又加城身旧制多是四方形的,这就给敌人攻打城角提供了方便条件。如果将城角向里缩一些,敌若攻东城,即需近北立炮,若攻南城,则需近西立炮,城上皆可用炮侧击其后,敌若在东南角立炮,因城角里缩,城上又无敌楼战棚,敌将难以下手。再如,旧制只是一重城,城外有壕。陈规认为,这对善守者来说,问题不是太大,但对没有战争经验的人来讲,大敌围城,往往会束手无策,坐以待毙。因此应当搞多城多壕,即在外壕里侧修一道高厚的羊马墙,并在大城里侧再挖一壕,壕里侧再筑一城。这样便成防御力强的两壕三城。总之在陈规看来,既为守城,就必须使城确实能经得起强敌之进攻,为此就要千方百计,改筑城垒,使之坚固。

三、守城要以炮对炮,充分发挥大炮的威力。

宋金之间的战争,炮战已发展到相当的规模,金兵围攻汴京之战,是我国战争史上少有的一次大规模炮战。大炮成为攻取城池的重要武器。但在陈规看来,大炮是攻城利器,也是守城利器,关键在于谁用炮用得巧妙。用大炮进行防御是很有效的。比如,敌人填壕,可用炮石轰之;敌用对楼、鹅车、天桥等攻具攻城,亦可用炮碎之;敌用炮进攻时,城内也应用大炮与之相对施放,以炮抑炮。为此,要用可及350步外的远炮,以射敌之首领。鉴于城上地面狭窄,不宜置炮,更不宜多置炮。城上炮在高处,敌人易于发现,且敌可以用炮直指而击之,所以应该把炮放在城里之城墙脚下,把炮隐蔽起来。为了解决炮手在城里看不见城外目标而无法射击的难题,陈规指出,在城上设观察哨,及时校对射击目标。而且城里立炮地幅宽广,这样可以安放很多大炮。如果当时汴京的宋军能够这样用炮,那么金人的大炮是不会有大作用的。

　　以上我们可以看出,陈规所论的具体的守城之法,虽然早已成为历史,但他在论述其守御之术时所体现的守御思想,如要"先策定险备",要把城修得坚不可摧,守中有攻,要从武器装备上增强防御手段等等,即使在今天也仍有一定的借鉴意义。

"因敌制胜""因形用权"

——《阵纪》的作战用兵原则

《阵纪》是明代的一部著名兵书。共 4 卷，23 类，66 篇，约 3 万字。作者何良臣，浙江余姚人。自青年开始从军海上，嘉靖年间官至游击将军。他通达将略，擅长词赋，一生贫困潦倒，郁郁不得志。著《军权》《阵纪》《利器图考》《制胜便宜》等兵书四种。其中以《阵纪》为代表作，流传较广。

《阵纪》上承《孙子》《吴子》等古兵法思想，结合历代用兵得失，针对明代的实际情况，广泛论述了用兵作战的各项原则和方法，提出了许多有价值的观点。特别是他的"因敌制胜""因形用权"的军事思想，对前人的军事理论有所继承发展，很有自己的特点。

"因敌制胜"的"因"是依据、顺应，"因形用权"的"形"是敌我之形势，"权"即谋略。在他看来用兵的方法，只有"因"字最神妙。有时"因"敌人的计谋而将计就计，有时"因"敌人对我方的将计就计而改变我方的计谋，有时"因"敌人的险要地形而将其夺占过来巩固自己的防御，有时"因"敌人依恃某种有利条件而迅速予以破坏。敌人驻在高处而干燥之地，不便于得到水和草，我方便可"因"此围困它；敌人为了便于得到水和草，已驻在低下之处，我方便"因"此实施水攻；敌人驻地交通不便，进出困难，军粮补给路远而隔绝，我方可"因"此欺凌它；敌人驻地广大，粮尽兵少，四面防守都失去险隘之处，我方可"因"此急袭它；敌将贪利，我方可"因"此贿赂利诱它；敌将骄横下级怨愤，我方可"因"此离间它；敌军混乱不整，我方可"因"此逼近攻击它；敌军不顾疲劳、贪求胜利，我方可"因"此乘隙攻击它；敌军开放险隘，阻塞平地，前队没有扎营，后队尚未渡河，偶遇狂风暴雨，敌将顾虑重重，士兵厌战思归等等，我方都可"因"敌之不利形势而取得进攻的胜利。这是所谓"因"势。如果我军将领勇敢而有谋略，士兵都有不怕牺牲的精神，进攻像暴雨一样，行动像飘风一样迅速，这样就可"因"我军有压倒一切的气概而取得决战的胜利。这是所谓的"因"气制胜。如果地形有高山狭路，有较大的土山和很深的沟涧，有蛇盘式的山路，羊肠式的小道和狗洞式的隘口，其险峻可吓落飞鸟，一人守卫无失，这样我方可"因"地形之利而取得防御的必然胜利。这即所谓"因"形制胜。以上三项有利条件具备一项，就可使敌人受挫逃走；三项条件全部具备，就可所向无敌。所以，善于用兵的人，必须"因"敌不同而变化战术，"因"人（指自己部队特点）不同而改换措施，"因"地形条件而创造有利己方的态势，"因"具体情况而采取不同的作战形式，"因"军队制度的不同而确立不同的方法。因此，会用兵的人，通过自己的主观努力能创造克敌制胜的条件；不会用兵的人，单纯靠客观情况自发地起作用。

进行战争大势所趋。不能轻举妄动，不能倒行逆施，善于用兵的人既能懂得这一点又能使士兵竭力效命，这就是懂得了用"因"的精神实质。这就是所说的："因"敌不利之势而讨伐其罪恶，即使黄帝也无法与他争夺威势；"因"己方的实力而决定作战企图，即使商汤、周武也无法与他争夺胜利。因此，如果能抓住敌人的可"因"之势而加以利用，即使是统率万军的大将也可擒俘，天下的英雄也可制服。谈论用兵的人，每每称赞韩信，认为他的克敌制胜，有与众不同的神奇之术。其实这种评论是不懂得用兵的根本道理的。韩信当时的形势是，军队有可以进攻的有利态势，战场有可以交战的有利时机，所以韩信才"因"其时机，顺其有利态势，鼓舞其将士，促使其拼命作战。因此顺应时代和形势的特点而因势利导，这是聪明人所做的事，违反人心天意而抗拒客观形势，这是无知者的行为。韩信当然是得到了时代提供的条件，顺应时代特点和客观形势而成就了聪明人的事业。所以，能够"因"敌情变化而不断地变换自己的战术,能够"因"形势发展而不停地采取新的作战形式,这样的人才是用兵如神。

从以上的论述中我们可以看到《阵纪》对"因敌制胜""因形用权"的军事思想的阐发是相当精辟的,它不仅是针对明王朝"将乏良能,兵无练锐"的现实,即使对于今天我们学习军事的人,也都有着积极的借鉴指导意义,《阵纪》也因此而得以在中国军事史上占有一席之地。

坐而制敌之道

——《守城要览》的城市防御作战思想

古代战争,由于没有飞机、大炮、坦克等重武器,所以一座坚固的城市往往成为一场战争胜败的关键,古人也因此特别重视城市的防御,一般都建有高大厚实的城墙,宽深的护城河,伴随而来的就是对城市防御作战体系的研究。明朝宋祖舜的《守城要览》,可以说是这方面的代表著作。全书共4卷,94章,约23000字。该书较为系统地论述了守城作战的一般理论原则,具体阐明了一些城防制度、设施和要求,并详细介绍了各种冷兵器和各种火器的制造使用方法。其中较有价值的是书中所阐述的城市防御作战思想。

作者认为古代兵家使用的防御敌人的进攻方法,无非是这样几种:一是在敌人未进攻时,加强防守;二是敌人不来挑战,我们主动出击;三是用各种方法阻挠敌军的行动,有时用屡次出战的办法来振作我军的勇气,有时敌军来寻求作战,我军坚守不出;等等。这些方法固然是防御敌人的好办法,但是更加重要的是还必须明白能否守住城池的根本利害条件。那么守住城池的根本条件是什么呢? 作者提出了守城规律的五败五胜。凡是有以下五种情况,城池必坚守不住。一是城中年轻力壮的人少,幼小老弱的人多;二是城邑大而人口少;三是粮食少而人口多;四是各种储备物资存放在城外;五是有权有势的富贵之家不肯出力效命。再加上城外水流的地势高而城内地势低,土质不坚而护城河浅,守城的各种器械不足,烧柴和吃水都供应不上。这样即使有高大的城墙也是守不住的。而只要具备以下五种情况,守城就必然胜利。一是城墙和护城河、壕都修得好;二是各种守城器械齐全;三是城内人口少而粮食多;四是军民上下团结一致；五是刑罚严奖赏高。再加上城池背靠高山，面临大河，地势高爽却不干旱且水源充足，地势低下之处不接近河流而无需挖沟防水。因天时之便，就地利之宜，土质坚硬，河水通畅，有险阻可以屏障。具备上述有利形势，守住城池是绰绰有余，再强大的敌人也是不能攻破的。古兵书所说的不能进攻的城邑就是具备这样条件的城市。

作者进而指出，守城作战的规律是，敌军进逼城下，要静默安待，不要立即出城迎战，等敌军进到我方的弓矢、炮石的射程之内，再采取一定的战术破敌。如果遇到敌军主将亲临城下，看准便利时机，用强弩集射，炮石并击，将敌主将击毙，这样敌军的声威就会受挫；如果敌人声称投降或讲和，切不可放松戒备，而应进一步加强防御，以防敌人的欺诈；如果敌人攻城已经很久，且不克而退走，这是疲惫的军队，可以跟踪追击。这些作战原则，必须靠明智的将领，正确地判断敌情，见利而动，不可受常规教条的限制。

在城市已具备守城的条件，具有懂得守城作战规律的将领，一切都具备的条件下，就应巧出奇谋，以主动的进攻代替单纯的防御，以勇敢的攻击解除敌人的包围。具体战术要求是：预先造好出城的暗门，利用敌军刚到，营阵尚未整齐；天晚夜黑，敌人不易察觉；敌人攻城疲惫后刚刚休息；敌军围城已久，已经松懈等机会，暗暗派出精锐的骑兵，衔枚解铃，突袭敌人。打击敌人之后，不要过远地跟踪追击，不要恋战。还可以在天黑刚刚起更之时，故意悬起一盏亮灯，上面写着"出城劫寨"四个大字，每过一会儿就击鼓数通，真像出城作战一样，使敌军整夜不得安宁，而我方则预先告知城内军民。这样真真假假，使敌军昼夜疲于奔命，不用多久，敌军就会不战自退。这就叫作"坐而制敌之道"。

通过上面的论述我们可以看出《守城要览》所体现出来的城市防御作战指导思想是：以战代守，守中有攻，攻守结合。既不盲目守城专等敌人来攻，也不要轻易放弃，守城不是目的，守要与攻结合，要通过守来打败敌人。因此，守不是单纯的防御，而是通过善守来攻击，击破敌人，使城市变成攻守兼备的堡垒。应该说，这一思想是很有见地的。在冷兵器时代能对城市提出这样的要求，确实是一种很有战略价值的构想，也具有相当强的实战性。这也使这本书成为我国军事史上为数不多的守城作战要著，为后代军谋家所关注。

必胜之术，妙在于乘

——《白豪子兵𬂩》的乘隙之术

《白豪子兵𬂩(léi)》是我国古代很有名的一部兵书。作者是明代后期学者尹宾商。尹宾商字毫翁，号白豪子，生卒年代及生平事迹不详，正史无传。全书约 5800 字。作者把作战原则概括为 36 个字，即：声、煟、整、先、迅、赢、佯、乘、静、集、因、突、掉、诳、肆、信、必、镇、异、持、诛、制、变、袭、合、待、独、谲、纡、果、分、扼、寡、疑、托、微。并附战例 337 则。其书"语必析精，事必徵实"，较好地总结了古代军事思想和战争实践经验，提出了一些较有见地的主张。概括起来有如下几个方面：

一、必胜之术，妙在于乘。

在战争中，优势与劣势、主动与被动，是以军力和经济实力为物质基础的。但这并不是不可移易的。弱小之军如果主观指挥正确也可以化劣势为优势，变被动为主动。其中的胜敌之术，就是乘敌之隙，出其不意。无论进攻与防御，在作战指导上要做到天衣无缝，无隙可击是不可能的。因此，军事指挥员足智多谋，乘敌之隙，往往决定着战争的胜负。所以白豪子说，克敌制胜的方法，兵力使用上的灵活变化，其奥妙全在一个"乘"字。所谓"乘"就是乘敌兵力未展开、攻敌戒备不周密，打击他的虚弱不周之处。白豪子提出了 10 种可乘之机：敌人骄傲的时候，疲劳的时候，懈怠的时候，饥饿的时候，干渴的时候，混乱的时候，疑虑的时候，恐惧的时候，困惑的时候，处境危险的时候。实际上战争情况千变万化，可乘之机不仅限于此。是否有机可乘，在于敌人状况，但是否能判断敌人暴露出的可乘之机而乘敌，这是一个能否成为善于克敌制胜的优秀指挥员的重要标志。战机随时都有，有的是必然发生，有的是主动创造，有的空隙明显，有的稍纵即逝，主要看你是否多谋善断，巧妙利用。齐、魏马陵之战,曹、袁官渡之战等,都是乘敌之隙而取得胜利的。

二、灵活多变,因敌制胜。

良将用兵,就像良医治病一样。病情有各种变化,用药也有各种变化。病情变化而用药不变,病就不能治好。善于指挥作战的将军,胜敌之策藏在心中,胜敌之法也藏在心中。每次作战筹划计谋、方法都各不相同。这并不是要刻意追求不同,而是因为战争千变万化,每次作战敌我形势都会各不相同。所以作战的方案、计谋也应因战而易。不能刻板教条老一套,否则是要打败仗的。箭的飞快,不能以循着箭头探讨的办法来达到;剑的锋利,不能用刻舟求剑的办法去获得。像赵括那样,只知死读他父亲的兵书而不知道灵活运用,其结果是全军覆灭,受到天下万世的耻笑,这并非偶然的不幸。所谓"善为将者,杀机在心,活局在臆"。

三、控拳拉喉,靡无坚敌。

虎豹是最矫健的,熊罴是最有力气的,但人类却可以吃它们的肉,睡它们的皮。这是由于它们不能联合起来形成统一的力量。与其五个手指轮番弹击,不如握紧拳头猛力一捣,战争用兵也是这样。兵力贵于集中,集中则威势伸张,集中则力量强大,集中则士气旺盛,集中则人心坚定。喉咙是人性命攸关的部位,如果喉咙被掐住,五官便不听使唤,身躯也就无法转动。这样就没有不被仆倒的。两军交战之时,要观察敌人何处为喉咙,然后集中优势兵力,坚决果敢地出兵掐住它的喉咙,这样再强大的敌人也会陷于瘫痪之中,无法发挥它的优势。如果在战争中能够集中兵力,坚决果敢地打击敌人的要害,那么天下就没有坚不可摧的敌军。

不"谈兵",只"谈略"

——《乾坤大略》的战略决战思想

《乾坤大略》是我国清代的一部著名军事著作。作者是明末清初学者王余佑。河北新城人。清军入关后,隐居易县五公山40年后去世。隐居著《乾坤大略》《万胜车图说》《兵民经略图》《诸葛八阵图》《居诸编》《十三刀法》等书。《乾坤大略》共10卷,约6万字。阐述了兵起先知所向,兵进必有奇道,初起之兵遇敌以决战为上,决战之道在于出奇设伏,乘胜略地莫过于招降,攻取必于要害,据守必审形势,立国在有规模,兵聚必资屯田,克敌在勿欲速等10个战略问题。每卷之首有一短序,简要阐明作者观点,正文则是大量援引史例,不加评说。该书的最大特点是不"谈兵"(战术)只"谈略"(战略)。从全书所反映的思想来看,较有见地的是关于正确选择战略方向和重视战略决战的思想。于此我们可以看到全书立意之所在。

战争爆发前,重点是如何备战。战争爆发后,最重要的是要积极进攻、攻城略地、快速行动。进攻迅速得手,自己的威势就会得到伸张,行动快速就能获得有利的战机,这一切仿佛都是在一呼一吸的短时间里完成的,而这短暂的瞬间,往往是决定双方成败命运的关键时刻。能否掌握战争的主动权,就看你能不能选择正确的打击方向,那么怎么样在两军对垒中正确选择打击方向呢?这主要以敌人的强弱为根据。敌人弱小,就可直冲其腹心;敌人强大,首先剪除其枝叶。怎样剪除敌人的枝叶呢?就是要避实而击虚,乘胜而趋利。避实击虚就会使敌人惊骇失措,来不及防备，仿佛我军从天而降一般，打乱敌军的指挥，使之不知真假虚实，打它个措手不及。乘战胜之势而急趋有利于己的方向，就令我军正义威猛之声震动天下，远近都会闻风响应。当年唐太宗挟累胜之威，抚归附之众，转行而西，长安之人望风震骇，智不及谋，勇不及断，以神速进兵而取得了胜利。而英布由于选择了错误的进攻方向，身归长沙，所以导致了失败。由此可见，正确选择打击方向就不能有瞬间的迟疑，否则将丧失良机导致失败。成就霸王事业而经营天下的最大战略，兵起先知所向是首要的一条。对于懂得用兵大略的人，没有比正确选择打击方向更重要的了。至于无关大局的某一暂时的胜负，某一局部的强弱，那都是战术上的一时得失。作为优秀的将帅首先应该关注是具有决定意义的战略打击方向，即大战略或全局战略。

在战略上选择了正确打击方向之后，就要选择时机进行战略决战，最好的时机是战争初期，即初起之兵遇敌以决战为上。因为我军既然已深入敌境，而且直捣它的要害，敌人必然要集中全国的兵力，来克我勇猛之师，企图顿挫我军的锐气，恐我军造成不可抗拒的声势。而我军正是初起之兵，在这种关键时刻，如果我军不勇猛作战，积极战斗，打退敌人，一旦被敌人所乘，士兵就会鱼散鸟飞无法挽救，后果不堪设想。因此，我军在与敌遭遇之时，要出敌不意，来一场决战，顿挫敌人的锐气。这样敌人的广大士兵就会丧胆，而我军则会锐气倍增，斗志更坚，兵威大立。之后，我军便可进一步发动攻势，从而消灭敌人，这就是古人所说的"一战而定天下"。当年汉武帝刘秀的一万人与王莽的42万大军战于昆阳，刘秀率千余人先克敌军一部，然后挟初胜之威，率3000精锐出奇兵，涉过昆水，直冲敌军中坚，昆阳守军从城里杀出，内外夹击，大获全胜，王莽42万大军全部溃散。这一战略决战，宣告了王莽政权的覆灭。由此可见战略决战的意义是重大而深远的。"一战以挫其锐"，"一战而定天下"讲的就是通过战略决战来掌握战争的主动权。李世民决战长安而有唐,刘秀昆阳决战而有东汉。

选择正确打击方向和战略决战是紧密相联的。在确定战略打击方向的同时,就要细致谋划,选择合适的时机进行决战。一旦决定实施战略打击,就要毫不犹豫,神速进兵,不能顾及一城一地的得失,否则将因瞬间的迟疑和无关紧要的恋战而坐失战机。李世民如不速取长安,坐费日月,待敌修备以待,则攻不克,众心离散,将大势去矣。而长安之战的胜利则奠定了唐王朝统一大业的基础。

《乾坤大略》所阐述的正确选择打击方向和战略决战的思想,虽然是谈古论古,但对我们今天来说它仍具有积极的借鉴意义。

退兵减灶，示弱骄敌

——齐、魏马陵之战

公元前341年，魏国出兵攻韩，韩国求救于齐，齐威王采纳孙膑的建议，答应了韩国的请求，但没有立即发兵。韩国经过几次苦战之后，已再难支持，遂向齐国第二次求援，齐威王任田忌为主将，田婴为副将，孙膑为军师，兵发魏国都城大梁。

率兵攻韩的庞涓，听到消息后，非常恼怒，"好一个不知天高地厚的孙膑，我要让你全军覆没。"他立即下令回师魏国，队伍轻装急进，席卷而来，打算与留守的太子申合围，即刻消灭齐军。

面对迅速回师的魏军，田忌和孙膑商议对策，孙膑分析说："庞涓这个人向来骄傲自大，而我们齐国又素有怯名，他一定会自恃强大，不把我们放在眼里。另外，魏军此次回师求胜心切，轻敌冒进，已经犯了兵法之忌，我们可以采取'退兵减灶，示弱骄敌'之计。"

按照孙膑的部署，齐军没有去迎击魏军，而是向齐国境内撤退。立即有人报告庞涓，庞涓听后笑道："如此胆小，还要多管闲事，立即追赶，不要让他们跑掉。"率军回撤的孙膑，第一天让士兵留下供10万人使用的灶。庞涓赶到后，命人清点，得知齐军10万，不禁笑道："如此众多的军马竟闻风而逃，果然是胆小的怯军，不足虑。"第二天，孙膑让士兵留下了5万人使用的灶。庞涓赶到后，命人清点，得知齐军减半，仰天大笑："只一日就逃亡过半，简直不堪一击，继续追。"

第三日，孙膑又命士兵把灶减为3万。庞涓的大军赶到后，发现齐军又有2万人逃亡，遂报告庞涓。庞涓听后，把马鞭一丢，大声说道："传令全军休息，另外给我挑选一队精锐轻兵，我只带他们就可以消灭齐军，大队人马可以在后面慢慢赶路了。"

再说孙膑，见到庞涓已经中计，又做了进一步的周密安排。孙膑计算，庞涓必于天黑以后到达马陵。马陵周围皆山，树木丛生，地势险要，只有一条小路夹在两山之间，路旁高石陡崖，大队人马通过已是困难，如果在此设伏，更是万难逃脱。于是孙膑下令，把路旁的道路上的树木全部砍倒，倒下的树木枝枝杈杈，使道路阻隔不通，唯独选了路旁的一棵大树留下，并剥光了一半树皮，留下青白的树身，十分乍眼。然后，又命一万弓箭手埋伏在路旁的巨石之后，传下号令说："一见火光，立即放箭。"余下的部队，由田忌、田婴率领分别隐蔽在此段险路的前后，准备接应。

庞涓果然于天黑之后赶到了马陵，此时正值 10 月下旬，天上星月皆无，周围一片漆黑，加之地势高险，透着几分阴森。忽然，前面的队伍停了下来，引起一阵骚动，有人来报告庞涓："前面倒树遍地，阻住了道路，队伍无法通过。"庞涓赶到一看，果然如此，猛一抬头，发现独有一棵大树兀立于此，隐约看出树皮剥落许多，甚是奇怪。他迅速叫人拿火来察看。火光一起，顿时照亮了白森森的树身，上面赫然写着"庞涓死于此地"。庞涓顿觉五雷轰顶，大叫一声："不好，中计。"与此同时，四面喊杀声起，雨点一般的箭落了下来，魏军纷纷倒地，前进不成，后退不了，乱作一团。

庞涓目睹此景，痛心疾首，大呼："孙膑，我中了你的诡计了，孙膑……"拔出剑来，自刎而死，横尸树下。前后的齐军合围，只杀得魏军片甲不留。紧接着，齐军掉过头来迎击魏军的大队军马。太子申率领的后援大军，毫无思想准备，遭到齐军的突然攻击，犹逢天兵，措手不及，匆忙应战，九死一伤，全军覆没，太子申也被齐国俘虏，成了阶下囚。

马陵之战，魏军大败，究其原由，可谓骄兵必败。孙膑正是抓住了庞涓骄傲的弱点，"退兵减灶，示弱骄敌"，将其引入马陵道，设伏歼之。这一战役，可以说是孙膑"不战而屈人之兵"战略思想的集中体现，是中外战争史上"以计制胜"的典型战例。马陵之战后，魏国步步走向衰落，失去了强国地位，而齐国却国势日盛，成为与秦两相对峙的东方大国。

退避三舍，后发制人

——晋、楚城濮之战

公元前 633 年楚国联合陈、蔡、郑、许四国的军队，进攻宋国。宋国派大司马去晋国求救。晋国决定出兵先攻打楚国的两个小盟国，曹国和卫国。这样楚军一定前去援救，宋国之围就可解了。没料到攻下曹、卫两国以后，楚国还是围住宋国不放。怎么办呢？晋国决定同齐、秦联盟，由齐、秦出面调停，叫楚国退兵。楚成王看到齐、秦、晋联盟，自己同晋国交战是得不着便宜的，于是下令叫楚军退兵。

但是在前线指挥楚军攻守的大将子玉却并不服从楚成王的命令，坚持要同晋国打一仗，还要求楚成王增加军队。子玉不服从命令，楚成王很不高兴。但是楚成王也不甘心让晋国独自称霸，所以他也没坚决制止子玉，还给了子玉一些补充，希望侥幸得胜。

子玉果真率军进逼到晋军驻地附近，准备决战。晋文公见楚军逼近，立刻命令晋军撤退。军官很不理解，为什么要撤退呢？原来晋文公流亡到楚国的时候，楚成王对他很好。楚成王曾经问晋文公："如果你回国做了国君，准备怎样报答我呢？"晋文公经过思索对楚成王说："要是托您的福，我能够回到晋国，将来晋、楚万一发生战争，双方军队碰上了，我一定命令晋军退避三舍。如果您还不谅解的话，那我只好同你开战了。"现在晋楚两国军队果真相遇了，晋文公命令晋军撤退，就是表示实践自己的诺言。

当然，晋文公命令撤退，并不单纯是为了实践诺言。因为这样做一方面可取信于民，取信于诸侯，可以激励晋军士气，可以使自己在政治上处于主动地位。另一方面又可避开楚军的锋锐，挫伤楚军的士气，选择有利时机同楚国决战。但将领们并不明白晋文公撤退的意图,他们很不满意。后经大将狐偃的解说,大家才都信服,向后撤退九十里。在卫国的城濮驻扎下来。楚军见晋军后退,想就此罢手,但子玉不同意。他认为晋军是害怕楚军才后撤的,因此他命令楚军在一个险要的地带,扎下营寨,准备同晋军开战。

子玉先派大夫斗勃到晋营挑战,说:"我们请求同您的战士作战,您可以在车前扶手的横木上观看,得臣(子玉的名)也将奉陪参观。"晋文公叫栾枝答复说:"贵国请战的事,我们的国君已经知道了。楚君的恩惠不敢忘,所以我们才退到这里。既然得不到贵国的谅解,只好烦你转告你们的主将,准备好战车,明天清早,我们在战场上见面吧!"

第二天,晋军在城濮摆开阵势,等候楚军。楚军分左、中、右三军。左军由子西率领,右军是陈、蔡联军,由子上带领,中军是主力,子玉亲自指挥。子玉过低地估计了晋国的力量,开战前,他夸下海口说:"今天晋国一定完蛋。"

会战开始了,晋文公命令下军副将胥臣带领一支部队,首先攻打楚的右军。胥臣把驾车的战马都蒙上虎皮向前冲去,陈、蔡联军的战马都被惊吓得仆倒在地,士兵也乱作一团,纷纷弃阵逃跑。楚的右军一战即溃。紧接着,晋上军主将狐毛假充中军,竖起两面大军旗,装作要退兵的样子。同时,下军主将栾枝也叫人用战车拖着树枝,扬起尘土,假装败走。楚军见晋军这个样子,认为是晋军的主帅败退了,就策马追击。晋文公见楚军中计,就命先轸、郤溱指挥中军(晋文公统率的亲兵)拦腰冲杀过去,狐毛、狐偃也指挥上军,夹攻子西。楚的左军也完蛋了。只有子玉及时收兵,才没有全军覆没。就这样城濮之战以楚国的失败和晋国的胜利而结束了。晋国的胜利,大大提高了它的声威,也确定了它的霸主地位。

晋、楚城濮之战是春秋前期最大的一次战争,也是我国古代战争史上有名的战例之一。战前楚国无论从拥有的土地、军队和附属国上,还是军队的战斗力(楚国多少年来很少打败仗)上,都超过了晋国。晋国的退避三舍口头上是实践诺言,实际上也反映了楚国的优势地位,但它还是被晋国打败了。究其原因,一是晋国政治上收揽人心,争取同盟国,退避三舍本身也使晋军赢得了政治上的主动。二是晋国的战略谋划正确。从军事战略上讲,退避三舍是劣势的晋军为保存力量、待机破敌而采取一个有计划的重要步骤。这样,晋国就避开了在不利条件下同楚国决战,达到了积极防御、激励士气的目的。三是战术上避开了敌人强大的中军,选择了力量比较弱的两翼冲击,使自己在局部上占据了优势。一战而胜、再及其余,终于打了胜仗,使局部优势转变为全局的优势。

巧用愤怒,妙计取胜

——刘邦计取成皋

公元前203年,正是楚汉相争之时。这一年,楚霸王项羽率领着自己的军队离开了成皋,开始向东进发。但此举恰恰中了汉王刘邦之计,因为他正想着夺取成皋,巩固正面战场,牵制楚军西进。

10月,萧瑟的秋风之中,楚霸王刚离开不久,成皋就被围困了。刘邦率领着数万大军,将这座小城严密地包围了起来。只见城外到处都是刘邦的将士,战马的嘶鸣伴随着秋风不断传入成皋城中。汉军刀锋闪烁,而楚军则不为所动,任凭汉军在城下不断叫骂,就是不肯开门迎战。

漢高祖劉邦

驻守成皋的楚将名叫曹咎,他看到敌我双方的实力对比如此悬殊,便采取了关门政策,希望可以等到援军到来之时再出城应战。城外人声鼎沸,城中却寂静异常,这种僵持的局面一直延续了很多天。

眼看着战争没有进展,刘邦已经猜到了曹咎想要拖延。他召集了谋士,让他们赶紧想一个办法来撬开城门。其中一个谋士突发奇想地说:"不然我们派人去辱骂曹咎,让他在城里不得安生,只要激怒了他就可以打开城门了!"刘邦对此非常赞同,他说:"失去理智的人,可以做出任何事,所以我们的目的就是要让曹咎暴跳如雷。"

第二天早上,天刚刚亮,在空旷的战场上就出现了五六个骑着高头大马的汉军士兵。站在城楼上观察敌营的曹咎不知道这几个人来做什么,心里不免有一些疑惑。正当他想要弄明白个究竟的时候,城下的汉军士兵忽然就开始破口大骂,他们吼叫着:"曹咎小儿,你不敢出来打仗了吗?你这个胆小鬼,这点儿能耐怎么能担当大任?"听到这些话,曹咎的眉头不由得皱了起来,他刚想下城楼,却又听见汉军士兵骂道:"曹咎,你这个孬种,你就这点儿本事?做起缩头乌龟来倒是很能干!"

一阵阵不堪入耳的叫骂让曹咎忍无可忍,他大吼一声:"给我打开城门,迎战汉军!砍了这几个不长眼的奴才!"

成皋城中的谋士看到这些人无端叫骂,已经发现这是刘邦的计谋,便劝阻曹咎道:"大司马,楚王在出发之前,一再告诫您要守住成皋,他说过不管汉军怎么挑战,我们都不能迎战。在大王回来之前,我们所能做的就是拖住汉军。等到大王掉转马头,自然可以洗刷今天的屈辱。如果贸然行事,反而会中了汉军的奸计!"

这一番话让曹咎恢复了理智,他按捺住心头的怒火,快步走下城楼,只求一个耳根清净。

但是出乎曹咎意料的是,汉军并没有就此罢休,虽然第一天对曹咎的辱骂没有收到效果,但他们却似乎乐此不疲,每一天都会派人出来轮番辱骂。五六天过去了,汉军的骂声不绝于耳。不仅如此,他们骂战的队伍还在不断扩充,从第一天的五六个人到后来已经有数十人同时叫骂了。听着那些越来越不堪入耳的辱骂声,曹咎的忍耐终于到了极限,他大吼着说:"不管怎么样,老子都要出兵,教训一下刘邦这个小人,出了这口恶气!"

曹咎带领着一队士兵,怒气冲冲地打开了城门冲了出来。可是这正是刘邦想要看到的结果,曹咎的大军刚刚准备渡过汜水,就被汉军强压了下来,迎头一番痛击,在水面上就让他们溃不成军。

看到眼前如此惨烈的失败局面,曹咎才幡然悔悟,想到自己轻易就中了刘邦的奸计,他羞愤交加,拔剑自杀。而长史司马欣也无处可逃,只好追随着曹咎的脚步在汜水河畔自杀了。

失去了守将的成皋,顿时变成了一座空城。当刘邦的军队到达的时候,城门大开,不费吹灰之力就被攻克了。

刘邦通过巧妙地利用别人的愤怒,将一座城池轻松地归为己有。曹咎的失败之处,便是他的心理完全被刘邦掌控,只不过一顿言语就可以激发他的愤怒,失去了理智之后自然会跌入别人的圈套之中。精通谋略的军事家不仅钻研战术,而且还会有效利用别人的缺点,融入到自己的战术之中,取得意想不到的效果,这样的智慧让人不得不赞叹。

调虎离山赚陈余

——韩信井陉口破赵

公元前 204 年,汉将韩信和张耳领兵数万东进井陉(今河北井陉北)袭击赵国。赵王歇、成安君陈余得知汉军来进攻,立刻集中军队在井陉口外扎下营垒。赵军号称 20 万,井陉口在太行山东面,地形非常险要,易守难攻,向来是兵家必争之地。汉军进攻赵国,井陉口是咽喉要道,赵军扼守这个险要且兵力数倍于汉军,赵王和陈余都以为是胜券在握。

赵国有个善于用兵的将军叫李左车。他向陈余建议说:"听说韩信偷渡黄河,俘虏了魏王豹,活捉了夏说,最近又血战阏与,现在又有张耳协助他,企图进攻赵国,这是乘胜利之兵威远离国土作战,其势锐不可当。不过汉军也有不利的一面,军粮要从千里之外运来,做饭要临时打柴草,这样士兵就吃不饱,休息不好。眼下井陉道路狭窄,车辆不能并行,战马不能成列,在这种情况下,汉军要快速通过几百里险狭的山路,粮食必然落在后面。因此,希望您给我 3 万骑兵,从小路拦截他们的粮草武器,断绝他们的后路。您担任正面作战,在这里深挖沟,高筑垒,坚守营寨,不同他们交锋。汉军就不能向前,后退也不能,不出 10 天他们就要溃散了,到那时我一定把韩信和张耳的头献到您的帐前。"

陈余骄傲自大,且是个书呆子,自以为熟悉兵法,通晓兵书。他对李左车说:"我读过兵书,书上说,十倍于敌人,就包围它,一倍于敌人,就进攻它。现在韩信宣称有兵几万,其实不过几千人。他们从千里之外来袭击我们,已经疲惫不堪,这样的兵力我们都不去打它,以后汉军增多了,又用什么办法打败他们呢?现在不打,各诸侯会说我们怯懦,还会发兵来攻打我们。"所以他没有采纳李左车的计策。

韩信派人暗中打听,得知李左车的计策没有被采用,非常高兴,于是率兵进入井陉狭道。韩信自知兵单力薄,又经长途跋涉,不设奇计,是破不了赵军的。于是他亲自察看了地形,回来后跟张耳制定了详细的破敌计划。半夜时韩信命令部队出发,出发前,他挑选骑兵两千人,每个人都拿着一面红旗,叫他们从山中小路前进,绕到赵军的背后,隐蔽在山沟里,隐蔽的地方,距赵军不要太远,要能看见赵军的动静,并嘱咐说:"赵军看到我们主力后退,一定会全部出动追击我们。你们就乘机冲进赵军营垒,拔掉赵军的旗子,全部换上我们的旗帜,然后配合主力夹攻赵军。"然后命令副将先让士兵吃一点食物,韩信对将士们说:"今天攻破赵军后全体会餐。"将领们都有些不大相信,但也都只好假装答应。韩信对身边的军吏说:"敌军已经占据了重要地点,安下了营阵,他们是有充分准备的。只是因为他们没有看见我们的将旗和仪仗队,所以没有立刻向我们的先头部队进攻,是怕我们的主力走到山路险峻的地方退回去扼守险要,那样他们就无法消灭我们了。"针对这种情况,韩信首先命令一万士兵开出井陉口,背着河水摆开战阵。赵军见了都大笑不已,认为韩信不会用兵,竟把这一万人抛在这既不能进又不能退的死地方。他们不知道,这正是韩信的计策。

　　第二天天刚亮,韩信竖起大将军的旗帜,带领主力军,擂鼓走出井陉口,队伍严整,气势雄壮。等待已久的赵军见了立即冲出营垒,双方厮杀起来。两军激战时间很长,还不分胜负。韩信、张耳佯装战败,丢盔弃甲逃回到河边汉军的阵地。赵军认为消灭汉军,活捉韩信的机会来了,果然从壁垒里开出全部军队冲杀过来。汉军因为背后没有退路,只得拼命搏杀,赵军一时无法取胜。当汉、赵两军激战的时候,那预先埋伏在山沟里的两千名汉军,立刻乘虚冲入赵军的营垒,拔掉赵军的旗帜,全部换上了汉军的红旗。等到赵军看到无法消灭汉军,也捉不到韩信时,就想撤回军营休整一下,哪知赵军回头一看,发现自己的营寨上全是红色的汉军旗帜,全军大为惊慌,误以为汉军已经全部活捉了赵军的将领,于是全军上下一片混乱，争先恐后地夺路逃命。赵将虽然竭力制止，并当场斩掉几个逃跑的人，但是仍阻挡不住逃跑的洪流。占领赵营的汉军，乘机出去，汉军前后夹击，赵军腹背受敌，全面崩溃。汉军追杀陈余，活捉赵歇。

在千军万马奔腾厮杀的时候，韩信没有忘记赵将李左车，下令不准杀害李左车，要捉活的。战争刚结束，部下就把李左车绑来了。韩信为李左车解去绳子，很恭敬地对待他。李左车向汉军投降了，并出谋说降了燕国。

"兵无常势，水无常形"，能因敌变化而取胜者，谓之神。韩信井陉口破赵，可以说是孙子灵活用兵原则的典型战例。韩信根据敌我双方的实际情况，因敌而变，调虎离山，以奇取胜。而陈余死抠书本照搬照套，企图以某种作战形式来应付千变万化的战场情况，以某种特定条件下产生的作战原则来指导错综复杂的战争，最后由优势变为劣势，导致彻底失败。

"怯防勇战"，"弱守强攻"

——汉末昆阳之战

23年3月，王莽派大司空王邑、大司徒王寻率42万大军镇压绿林农民起义军。5月，在昆阳（今河南叶县）包围了王凤、王常等率领的起义军一部分，这部分只有八九千人。当时的起义军主力在宛城（今河南南阳市）作战，没有时间援救昆阳。

面对强大的敌人，怎么办？起义将领们的意见是不一致的，一些将领认为敌众我寡，很难获胜，不如放弃昆阳，各奔东西，而当时只是副将的刘秀则不同意。他说："目前我们兵少粮缺，而外面的敌人则十分强大。如果我们集中兵力，还有获胜的可能。若分散开来，只顾自己，一定被敌人各个生擒。况且我们主力正在攻打宛城，无法拥兵增援我们，昆阳一旦失守，一天之内，各部必将遭到各个歼灭。在这紧急关头，我们只有团结起来，积极抗敌，否则别说妻儿财物保不住，就是连自己的性命也难保全。"诸将虽然觉得不舒服，但大敌压境形势危急，尽管刘秀是副将，平时表现也不突出，此时也只好请刘秀筹划御敌之策了。

刘秀分析了敌我形势，提出了守城、调兵、反攻、取胜的一套作战方案，即坚守昆阳，争取时间，阻住敌人，集中外部兵力，寻找战机内外夹击，打败敌人。刘秀决定由王凤、王常率主力守城，他和李轶等13人，出城调兵。布置完之后，刘秀等乘敌人包围圈还没合拢的时候，夜间悄悄出城，向定陵、郾城飞驰而去。

王邑率领大军，把昆阳城里三层外三层地围了起来，营帐扎了一万多座，真可说是水泄不通。王邑凭着优势兵力和装备，企图一举踏平昆阳。但昆阳的守军和人民顽强固守，把小小昆阳城变成了一座坚强堡垒，一次次地打退了王邑的强攻。面对这种情况，同起义军多次作战，吃过不少苦头的严尤向王邑建议说："昆阳城，小而坚，利于守，不易攻。只要死守，想打开它是不易的。现在，起义军主力正在宛城作战，那里没有昆阳这样坚固的阵地，如果我们移师宛城，就很容易打败起义军，宛城主力既败，昆阳将不攻自破了。"但王邑根本不听严尤的正确建议，他以为凭着强大的军力，攻破昆阳不费吹灰之力，所以命令继续猛攻。20多天过去了，昆阳城仍坚如磐石。而王邑的军队随着攻势一次次失败，士气低落下来，双方僵持不下。

正在这时刘秀率领筹集到的一万余援军赶到昆阳城外。刘秀带着精锐步兵、骑兵一千人作为先锋，在靠近王邑的地方列阵。骄傲自大的王邑哪里把刘秀放在眼里，他只派几千人前去迎战，结果被刘秀杀得大败。初战胜利，使起义军士气大振，刘秀选拔了精干士兵三千人，由他亲自率领，作为突击队，目标攻击王邑的指挥中心——大本营，时间在拂晓，突破点在昆阳城西。因为此时敌军刚熬过炎热的夏夜，正在贪凉大睡，此地是敌人的侧后，又有昆水阻隔，戒备必然疏忽，这样能出其不意，攻其不备。

天刚蒙蒙亮，刘秀的突击队突然出现在王邑的中军大营。那时，王邑军中只有少数人刚刚起床，大部分还在梦乡。这种突然的袭击，把王邑打了个措手不及，他自己只带了一万人迎战刘秀。整个昆阳战场上王邑拥有20∶1的优势，但在这一局部王邑只有3∶1的优势，而刘秀突击队的战斗力则远远高于王邑，所以双方一交战，王邑就失去了优势。突击队猛打猛冲，王邑军招架不住，队形顿时大乱。王寻被杀死。王邑见势不妙，丢掉队伍跑掉了。失掉主帅的王邑军，四散逃命，其他各部的敌军此时也都大乱起来，纷纷逃命，真是兵败如山倒。这情形，被昆阳城上的守军看得非常清楚，王凤、王常打开城门，率军杀出城来，在昆阳原野上展开了一场狂涛怒潮般的激战，剩余的援军见刘秀突击队得手，也发起进攻。几乎在同一时间里，起义军从几个方向，展开了全线大反攻。

几十万的王邑大军，顿时全线瓦解。恰逢此时，天下大雨，敌军争相逃命，互相碰撞践踏，死伤不计其数。溃逃到潍水河边的敌军，又碰上山洪暴发，成千上万的人被淹死，王邑只领着少数亲随逃走。

昆阳大战，以农民起义军的胜利而结束。这一战是对王莽政权，最后、最沉重，也是最有决定性的一次打击。三个月后，王莽政权就被农民起义军推翻了。

昆阳之战是我国军事史上一个以少胜多，以弱胜强，以守克攻的典型战例。刘秀等运用正确的战略战术，固守御敌，所谓"先为不可胜，以待敌之可胜"，昆阳像一颗钉子一样把几十万敌军牢牢地钉在那里，然后伺机出兵以攻，迅速歼敌一部分，得手后再打其余，最后打破敌人的包围。这是以"弱守"争取时间，为强攻创造条件，最后克敌制胜军事原则的集中体现，也是弱守强攻的一个著名战例。

衔枚缚草，夜袭乌巢

——曹操、袁绍官渡之战

200年春，北方最大的军阀袁绍率精兵十万、战骑一万，进军攻击占据许都的曹操。袁绍从邺都出发，直捣黎阳，首先派大将颜良进攻白马。为解白马之危，曹操虚张声势进军延津，佯装渡河去袭击袁绍后方，待袁绍中计，把主力调向延津之时，曹操立即率轻骑昼夜回袭白马，击败了围城的袁军，斩了大将颜良，撤出了白马城内全部军民，沿延津河退往官渡（今河南中牟东北）。袁绍也追击到延津之南，曹操诱敌深入，斩杀了大将文丑。白马、延津之战，使袁军士气受挫，双方进入了一个暂时相持的阶段。

袁绍虽然连败两仗，但仍旧保持着优势力量。从军队数量上，袁绍军队有十多万人，曹操最多也不过三四万人；从后方经济力量来说，袁绍占领的河北地区是最富庶的，而曹操占领的兖、徐、豫三州，是汉末以来破坏最严重的地区之一。因此，无论从哪方面看曹操都处于不利的地位。长期相持下去，曹操必然是不攻自败。双方相持三个月之后，曹操有些沉不住气了，他打算退守许都。他的谋士荀彧对他说，当前是战败袁绍，取得最后胜利的重要关头。粮食虽然不足，但还不至于毫无办法，只要坚持下去，战局一定会很快发生变化，一定要坚持到底。曹操听从了荀彧的意见，决定坚持到底，以便寻找有利时机，进行最后决战。

两军相持阶段，军粮的补给是关系战争胜败的一个重要因素。10月，袁绍派人从河北运来一万多车军粮，囤积在大营以北40里的乌巢，并派大将淳于琼带领人马一万人驻扎在那里保护。曹操得知这一消息后真是喜出望外。当天夜里，曹操留下曹洪、荀攸防守官渡大营，自己亲率步骑兵5000,打着袁军旗号,每人手里都拿着一把干柴,口里衔着枚(一种状似筷子的小木棍,古代行军时,为了防止士兵喧哗,就让每人口中衔枚一个),把所有的马嘴都束起来,从小路奔向乌巢。到达乌巢后把粮囤团团围住,然后放起火来。黑夜中,只见粮囤周围,浓烟四起,火光冲天,袁军从梦中惊醒,乱作一团,淳于琼兵败只得退守营屯。

袁绍听说曹操进攻乌巢粮囤,仍旧没有引起足够的重视,反倒认为是攻下官渡,消灭曹操主力的最好机会。他对儿子袁谭说:“只要我们攻下曹操的大营,即使他打败了淳于琼,也没有退路了。”于是他命令大将张郃、高览率兵加紧攻打曹操的官渡大营。张郃看到曹操亲领精兵围攻乌巢,担心淳于琼守不住,认为如果乌巢有失,大事也就完了。但袁绍不听张郃的请求,仍旧让主力进攻曹操的大本营,只派少数骑兵去救乌巢。由于曹操官渡大营甚是坚固,将士拼力死守,袁军久攻不下,主力部队反而被吸引住了,这下就给曹操拿下乌巢创造了有利条件。当袁绍的增援骑兵临近乌巢的时候,曹操的部下急忙向他报告说,“敌人援军就要到了,我们快分一部分军队去抵挡吧?”曹操听后严令部下说:“等敌人到了我们背后再来报告。”在曹操坚决果断的指挥下,曹军不但打垮了袁绍的增援部队,而且还攻下了袁军的营屯,斩杀了大将淳于琼,袁军的一万多车粮谷全部化为灰烬。

乌巢粮草被烧,淳于琼被杀的消息传到官渡前线,大将张郃看到大势已去,会同高览把全部攻城器械烧掉,一起投降了曹操。袁军知军粮被烧,军心已经动摇,今见主将又投降,军心更加涣散,一下全军溃乱。曹操乘势出击,袁军被杀得大败,袁绍和袁谭只带着800名亲兵逃回黄河以北。这一仗袁绍的主力差不多全部被歼灭了,袁绍兵败之后又气又急,得了重病,202年5月,袁绍病死。他的几个儿子争权夺位,互相攻杀,被曹操各个击破。206年曹操彻底消灭了袁氏的残余力量,统一了北方。

官渡之战是我国军事史上以少胜多,以弱胜强的著名战例。曹操的胜利除了政治、经济原因外,主要是战略措施得当,能够运用对方的矛盾和弱点,选择适当时机去打击对方。在白马、延津两仗中,曹操斩了袁军两员大将,局部地削弱了袁军的优势。尔后,为保存实力退守官渡,使袁绍不能前进一步。许攸来降,告知袁军屯粮情况。曹操抓住战机,亲领精兵偷袭乌巢。"军无粮饷则亡",曹操火烧乌巢,给了袁绍致命一击。战局立即失去平衡,曹操大获全胜。曹操的胜利体现了"双方强弱不同,弱者先让,后发制人,因而战胜"的军事原则,在军事史上占有重要地位。

乘隙而入，先发制人

——晋、秦淝水之战

383 年秋，前秦王苻坚率步兵 60 多万，骑兵 27 万，羽林郎（禁卫军）3 万，以苻融和慕容垂为大将率步骑 25 万做先锋，浩浩荡荡大举进攻东晋。

当时，东晋总兵力不超过 15 万人。大敌当前，局势危急，朝野震动。人们都把希望寄托在宰相谢安的身上，谢安认为只有淮河一线是苻坚进攻的主要方面，其他各线只具有配合和牵制作用，首先必须派大军抵挡淮河一线敌人的进攻。于是他派自己的弟弟谢石为征讨大都督，侄子谢玄为前锋，统率 8 万精兵前往淮河一线迎击苻坚的进攻。10 月，苻融攻克寿春，慕容垂攻陷郧城。卫将军梁成领兵 5 万进驻洛涧，于淮水设木栅阻遏东来的晋军。谢石只得在距离洛涧 25 里的地方，把 8 万军队驻扎下来。谢石正为 8 万大军不能前进而焦急的时候，接到密报说，苻坚把大军留在项城，只带 8000 轻骑秘密来到寿阳。此时如果派一支精兵打败秦军的前锋，挫折他的锐气，秦兵就会全线崩溃。谢石、谢玄等决定派勇将刘牢之率 5000 精兵夜渡洛涧，袭击梁成大营。这一战杀死梁成，歼灭秦军 15000 人。晋军首战告捷，一鼓作气冲到淝水东岸，与苻坚的秦兵对峙起来。

在寿阳城里苻坚接到梁成被杀和晋军勇猛进击的消息，心里正在不安，接着又传来了晋军大队人马已经开到淝水东岸的消息。这下苻坚沉不住气了，他马上和苻融登上寿阳城的城楼观看淝水对岸晋军的动静。他看到晋军临水扎营，队伍严整，旗号鲜明，不禁暗暗吃了一惊，八公山上的那些草木也好像是晋军。他对苻融说："这明明是强敌，怎么能说他们兵力弱小呢?"然后便下军令,严密防守淝水防线,没有得到命令,不准渡水出击。

秦军沿岸布阵,晋军要想渡过淝水,是非常困难的。秦兵虽在洛涧吃了败仗,但就双方力量对比看,秦军的实力仍远远强于晋军。东晋如果不乘这次主动反攻的机会进行速战速决,等到苻坚的军队到齐,晋军就打不赢了。在这个关系全局胜败的关键时刻,谢石、谢玄下令向秦军挑战,一连几天,秦军都坚守不战。于是谢玄就按预定的战略计划,派人渡过淝水到寿阳城去见苻融,对他说:"你远途而来却临水而列阵,这是不想速战的表示。如真想速战,应该把你们的阵地向后移动一些,让出一片战场来,让我们的军队渡过淝水,双方决一胜负,免得大家都在这儿耗着,这不是更好吗?"苻融立刻把情况报告给苻坚,苻坚同意晋的要求。但他的部下都反对,认为应当阻止晋军渡过淝水,不要让他们上岸,我们人多他们人少,这是个最安全的办法。可骄傲的苻坚不听他们的劝阻而有自己的打算。他想将计就计,乘晋军渡到淝水的中间时,出动骑兵一举消灭晋军。他叫苻融告诉使者,同意把军队后移,还约好时间让谢玄领兵渡水决战。

　　晋军得到秦军的答复后,立刻紧张备战起来。谢玄率 8 万军队在淝水东岸列好了阵势,苻坚、苻融都骑马来到阵前。苻坚看了一眼晋军的阵势,就叫苻融下令全军后退,让晋军渡过淝水。秦军大部分是被强征来的,他们本来就不愿意打仗,现在一听说后退,马上乘机逃跑,止也止不住。这时谢玄马上同谢琰率领 8000 骑兵渡过淝水,后面的大队晋军也紧紧地跟了上来。苻坚看到形势不妙,叫苻融赶快命令军队停止后退,回头作战,可是哪里收得住阵脚。在后面的朱序喊到"秦军败了,秦军败了"。这喊声使本已慌乱的秦军像山崩一样地垮了。谢玄抓住战机,指挥晋军全线攻击。苻融被乱军冲倒,晋军冲上来把他杀了。苻坚夺路而逃被乱箭射伤,只带了一千多人逃到慕容垂那里,一路收集溃兵,回到洛阳的时候,只剩下十几万人了。

　　晋军大获全胜,山东、河南的大部分地区被晋军收复了。

　　淝水之战,东晋以 8 万军队打败了苻坚的百万大军。从军事上讲,苻坚犯了骄兵必败的大忌,他自恃有百万之众,所以错误地估计形势,让晋军渡过淝水,想在晋军半渡之时,以十几万铁骑一举消灭晋军于淝水之中。但没有想到这正是东晋的谋略之一,秦军后退恰好暴露了他们内部的弱点,使东晋乘隙而入,先发制人,未等苻坚转过味来,就杀将过去。原想乘人之隙,没有想到反被人乘,结果兵败淝水。而东晋的胜利在于谢玄等将领镇静从容地部署,料敌用计,决断如流,利用敌人的弱点,主动进攻,从而变被动为主动。

狮猫斗硕鼠
——宋、金顺昌之战

1140 年 5 月,金军以兀术为元帅领兵 10 万南下进攻南宋,在十多天的时间里连续攻占洛阳、开封、商丘。5 月 25 日,金军先头部队进逼战略重镇顺昌(今安徽阜阳)。大兵压境,顺昌城内人心惶惶。正在奉命北上开封赴职的刘锜闻报舍舟登陆,率军进入顺昌城。他与顺昌知府陈规检查了城中的粮食,认为足以待敌,于是决心保卫顺昌。刘锜察看顺昌周围地形,作出了以下防御部署:将城外 5000 居民迁入城中,为免民房被金军利用,下令将其全部焚毁,把废车、轮辕埋于城上用以加固城防工事,又在城上设置便于观察、射箭的望孔,并在近城处筑羊马垣,安置伏兵,同时派出哨兵,侦察金军的行动,号召当地民众协力抗金。在顺昌一时出现了"男子备战守,妇人砺刀剑"的抗敌情景。经过六昼夜的努力,初步完成了顺昌城的防御准备。备战刚毕,金军前哨游骑已渡过颍河而进至城下。刘锜早有准备,乘其未稳一举击溃,活捉千户阿赫,从其口中得知金军已在距顺昌 30 里的白沙涡安营扎寨。刘锜遂乘其不备率千余精兵夜袭金军营寨,斩杀颇众。第二天金军三路都统完颜褒与龙虎大王合兵三万至顺昌城下。刘锜首先命守城军兵以强弩猛射,待金军遭迎头痛击,有些慌乱之机,突然打开城门率领步军突袭金军骑兵,金军大乱,渡河溺死者不计其数,经过四天奋战,打败了金军第一次围攻。

金军在顺昌受挫的消息传到开封,坐镇开封的兀术勃然大怒,立即索靴上马,亲率 10 万大军,用了不到七天的时间就从开封开到顺昌。刘锜听说兀术率重兵亲来增援,立即召集部下商讨对策。有人主张南撤,认为小小的顺昌城是抵挡不住金军 10 万大军的围攻的。而刘锜认为"朝廷养兵十五年,正欲为缓急之用,况今已挫敌锋,军威稍振,虽多寡不侔,然有进无退"。而兀术又率大兵来援,如果南撤,一旦被迫及,必遭覆灭,不仅前功尽弃,还将使两淮遭殃,造成江南震动的不利局面。为今之计,只有背城一战,于死中求生。众将听后人人感奋,表示愿意奋力一战。军兵抗金决心坚定之后,刘锜开始实施他的制敌方略。他先派曹成故意遇敌落马被俘,向金军散布刘锜喜好声色、贪图安乐、无所作为等假情报,以此来麻痹兀术。兀术听后果然深信不疑,骄而不虑,大喜地说:"此城易破耳。"于是下令不用攻城的鹅车炮具,轻装前进至城下。刘锜见兀术亲至城下,一面派人悄悄地在颍河上游及草地下毒,一面派部将耿训送战书给兀术,以激怒兀术,使其准备不足而求速战,易挫其锋。兀术见书后果然又中计,大怒说:"刘锜岂敢与我挑战,以我 10 万大军攻一个小小的顺昌,简直用靴尖就可以把城踢倒。"耿训乘机火上加油:"刘太尉不但向你挑战,还说你不敢渡过颍河。如果你敢过河,他情愿献五座浮桥给你,让你的部队过河大战一场。"兀术听后轻蔑地说:"好哇,你看我怎么样踏平顺昌城。"

第二天,天一亮,兀术就统兵前来,果然刘锜在颍河上架起五座浮桥。兀术催动大军渡过颍河摆开阵势,准备与刘锜决战。但刘锜却深沟高垒,拒不出击。金军后续部队刚刚远道赶来,本已疲惫不堪,却又不敢解下盔甲休息。宋军则在城中矮墙下养精蓄锐,等待时机。兀术见宋军不出战,就命令主力部队猛攻东西两城门,兀术自己也亲率 3000 名重甲牙兵(亲兵)助攻。此时顺昌城内守军不足 2 万,而能出战者只有 5000。但军民同心协力,坚决抵抗。当时刘锜部下诸将多主张先打击金军较为薄弱的韩常所部,而刘锜认为应先打击兀术,兀术一败,则金军全军震动,其他部队则无能为力了,于是集中精锐于兀术方面。金军人不解甲,马不卸鞍地昼夜轮番作战,人困马乏,锐气大减,金军士马饥渴,饮食水草者均中毒病倒,兀术见状只好休兵立营。刘锜遂抓住这一战机,率精锐之军出南门突入兀术营垒,猛砍金军拐子马,打败其装备最好的 3000

名牙兵,杀敌5000余人,大获全胜。兀术见顺昌城坚,屡攻不下,士卒又多患上疾病,不得不改变战略部署,决定由速战改为长期围困,将营寨移至城西,掘壕列阵,准备防守。可偏赶上当晚又遇大雨,平地水深尺余。刘锜又乘机大举夜袭,斩杀万余,兀术立脚不住,被迫率全部金军撤离顺昌返还开封。顺昌保卫战至此胜利结束。

顺昌保卫战是军事史上一次著名的以劣势战胜优势的城邑防御战。宋军以不足两万之兵,采用以退为进,以逸待劳的战术,采取各种积极手段,夺敌士气,扰敌将心,疲敌体力,逐渐地消耗、疲惫和削弱敌人,然后适时抓住有利战机,打败了金军10万步骑的进攻。

儒生斗金主

——宋、金采石之战

1161年秋季,金主完颜亮起兵 60 万,分四路,水陆并进,直指江南。他自己亲率主力 30 万人,从金地南京出发,经淮西,企图过淮河、渡长江,直扑南宋首都临安。出发前,完颜亮大宴群臣,并声称"过去太师梁王(即兀术)连年南伐,耗费了很多时间,并没有取得胜利。我们现在决不会像过去那样,多则一百天,少则一个月,我们一定灭亡南宋"。

10 月,金军抢渡淮河,江淮守将王权不战而逃,完颜亮的大军如入无人之境,不到半月时间就由淮河北岸进至长江边上。在西采石镇一带集结,隔江与宋军相对。

面对这样严重局面,高宗命虞允文以中书舍人参谋军事的身份,赴前线督导军事并代表朝廷慰问采石驻军。1161 年 11 月初,虞允文到达采石。这时候采石一带由于无人负责,秩序非常混乱,散兵游勇到处都是,士气低落,军无主将,人心惶惶。虞允文问王权手下的士兵:"金军马上就要渡江了,你们怎么一点战斗准备都没有?"士兵们回答说:"我们的将军王权在淮西作战时,每天只打锣不打鼓,有退无进,从来没跟敌军交战过!我们是骑兵,王权让我们丢弃战马逃过长江,我们没有马,又不会步战,怎么能出战呢?"面对这种情况,有人劝虞允文:"事情到了这种地步,全是别人弄坏的,你是文官,朝廷是派你来劳军,并未派你统军打仗,何必担当这份责任呢?"虞允文慷慨回答说:"我是朝廷官员,如果退回建康,听任金军渡江,国家就危险了。国家如果保不住,个人还能有存身之处吗?今天的事情是有进无退了,与其坐以待毙,不如战死沙场。捐躯报国,正是我平生的志向。"虞允文的一席话激起了将士们的共鸣,大家说："如果有您指挥，我们愿做死战。"虞允文说："朝廷已派李显忠前来指挥军事。但目前军情紧急，在李将军未到任之前，我愿意暂时负责军务，同大家一起和金军决一死战。只要大家立功报国，朝廷是不会亏待你们的。"一个文官慨然以国家为己任的精神，深深打动了将士们的心。士气顿时大振，表示愿为虞舍人一战。

士气振奋起来后，虞允文马上又和诸将研究了沿江的军事部署。他们根据双方兵力悬殊，以及金军士气低落、不明地形、不善水战的弱点，决定采取以逸待劳、后发制人的办法来抗击金军。他们将现有军兵一万余人伏于口岸，组成严整的防御阵地，又将江面水军分成五队，二队沿东西两岸巡逻警戒，二队藏于小港叉内，预备应援，一队海鳅战船载精兵作为主力，停泊大江中流。一番紧张备战之后，宋军严阵以待。

十一月初八，完颜亮身穿黄金甲，在黄罗伞下发布命令，亲自指挥大军渡江。几万艘战船从杨林渡口出发，直向对岸冲去。很快有70多只船抵达南岸，开始登陆。亲自在前线指挥的虞允文，看到金兵登陆对猛将时俊说："将军胆略，闻于四方，今退立阵后，反似个女子一般，难道不怕威名扫地吗？"时俊闻言，立即挥舞双刀杀向敌阵，士气随之大振，喊杀之声震天动地。这时忽然江面上的风停止，金后续船队行速渐慢，虞允文立即命令伏于中流的主力船队横向冲入，击沉无数敌船，使之无法再进。登陆金兵因失去后援，死伤过半。战至傍晚，虞允文发现从上游退下来的几百军兵，立即授以旗鼓，命其擂鼓呐喊，充作援兵。金军见宋军的援军到达，立即仓皇奔逃，宋军乘势追杀，大获全胜。

虞允文料敌经重创后，一定还会发动进攻，于是连夜布阵，乘夜渡江奇袭金军，先发制人，一共烧毁金船三万多艘，金军又遭惨败。完颜亮连日失败，知道在采石无法渡江，于是移师瓜洲，欲在镇江渡江。虞允文看到这种情况立即率兵昼夜入援镇江。老将刘锜在病榻上握住虞允文的手，感动地说："想不到朝廷养兵三十年，一技不施，大功反出儒生，真令我们武将羞死。"虞允文安慰了刘锜之兵，立即会同其他将领，加强备战，以迎金军。

由于完颜亮的暴虐,激起了金营士兵们的愤怒,将士们发动兵变,杀了完颜亮,然后向北撤退30里,派使节到南岸向南宋议和。至此,完颜亮的南侵,以宋军采石大捷和他本人的毙命而结束。

采石大捷,充分表现了人民同仇敌忾,敢于抗击强敌的英勇斗争精神,同时也体现出虞允文的杰出组织领导作用。他以国家的安危为己任,敢于负责,面临强敌,沉着机智,终于以少胜多,打败了强敌,在历史上写下了光辉的一页。

并力合势,依次剿除

——戚继光指挥的御倭战争

明 嘉靖后期,由于海防军备废弛,使得倭寇对我国东南沿海一带的侵扰甚为猖獗。1553 年明廷调戚继光为浙江都司参将,镇守倭寇出没频繁的宁波、绍兴、台州三府。戚继光到任后立即着手训练了一支战斗力强的御倭军,这就是在御倭战争中声威赫赫的戚家军。1561 年 4、5 月间,倭寇大举进犯浙江的象山、奉化、宁海等十几个地方,人数达到一两万人。5 月初,数千名倭寇乘船窜扰宁海,企图牵制戚家军主力,然后乘虚进攻台州。戚继光识破了倭寇的诡计,先在台州部署了必要的防守兵力,派水师在宁海外洋伏击,然后自己亲率主力军直奔宁海,设下埋伏,准备全歼入犯之敌。倭寇在龙山遭到戚家军的伏击,大败而逃。倭寇又企图乘虚袭击台州城,大批倭寇集中到距台州城只有二里远的花街。不料戚继光先敌到达台州城外,埋伏就绪。倭寇列成一字阵进攻花街。戚继光命前锋以火器队轮番齐射,顿挫敌势。倭寇慌忙改变阵势,这时戚军伏兵一起杀出,打得倭寇大败。戚军乘势追击,斩首数百,生擒倭酋二人,其余倭寇全部淹死江中。这一仗速战速决,全歼敌人,戚军仅阵亡三人。而后,倭寇以 2000 余人进犯台州东北的大田,而戚继光身边只有 1500 人,面对兵力对比的不利情况,戚继光决定在上峰山阻击敌人。上峰山南面是一狭长的谷地,便于伏击敌人。戚继光亲率士兵登上上峰山，命令士兵以松枝隐蔽身体，居高待敌。不久，倭寇 2000 多人成一字长蛇阵。逶迤 20 里，通过狭长的谷地。戚继光待倭寇通过了将近一半时，命令部队开火。倭寇仓皇应战，列成三四百人的一字阵，戚军则列成一头、两翼、一尾的鸳鸯阵，倭寇大败，退据小山。戚军回首仰攻，将士奋勇杀敌，将倭寇杀得纷纷坠落崖下，其余逃到白水洋朱家大院。戚军跟踪追击，进到屋下，放火焚烧，倭寇被彻底剿灭。在一个月的时间里，戚继光连续克敌，彻底消灭了侵犯台州的倭寇。从此，浙江的倭患基本平息。

1562 年明廷命戚继光率兵 6000 人福建抗击倭寇。次年 10 月倭寇 15000
人进犯仙游,将仙游城层层包围。仙游城内兵力单薄,只有戚继光派驻
的 200 士兵和城内民兵 250 人。而戚家军也只有 6000 人,且大部分回浙
轮休。鉴于这种情况,戚继光决定先采取守势确保仙游,待兵力集中后
再行进剿。倭寇猛攻仙游城,城内军民奋力抵抗,双方相持一个月之久。
不久,回浙轮休的官兵 6000 人到达沙园,戚继光立即召集将领,宣布歼灭
倭寇,解救仙游的作战方针。

戚继光认为倭寇兵力一万多人,自己兵力不占优势,同时进攻敌人
的四个营垒(倭寇屯兵仙游城四门外)是难以做到的,但敌人四个营垒之
间有一定距离,可以逐一攻破。于是决定先打南垒,得手之后,再分别攻
打东西二垒。具体部署是:王如龙为中左路,胡守江为中右路,金科为大
营正兵,陈濠为右翼奇兵,夺取东垒,李超为左翼奇兵,攻取西垒。吕崇
周在铁山设伏兵,牵制北垒,戚继光亲率主力攻打南垒。

10 月 25 日夜,天下大雨。第二天早晨,大雾弥漫,咫尺不见人。戚
家军各部悄悄从营地出发,直通倭营。快到城下时,敌人才发觉。此时,
倭寇正结队用八座"吕公车"攻城,仙游城危在旦夕。正在这时,戚家军
杀到,中路军直冲敌垒。倭寇丢弃"吕公车"停止攻城,掉过头来结阵对
付戚家军。中左路军奋勇力战,中右路军齐进协攻。倭寇大败,退入南
垒。戚军将营垒四面包围,以火烧营,当即杀死倭寇四五百。倭寇弃垒
逃奔,中右路乘胜追入东垒,右翼军同时夹击。中右路直取西垒,左翼同
进夹击,迅速焚毁三垒,歼敌千余。东西两垒千余人冲出投奔北垒,大营
兵奋击北剿,大败倭寇。

戚继光在闽两年多,歼灭倭寇 5000 余人,基本上消除了福建的倭患。

戚继光指挥的御倭战争的胜利是集中兵力,各个击破的典型战例。他的用兵原则是"并力合势,依次剿除",灵活用兵,克敌制胜。如对分路前进之敌,不是分兵对付,而是集中兵力先歼其一部,再对其余各个击破。如台州之战,对分据各巢之敌,不是同时攻击各巢,而是逐巢夺取,依次剿灭。再如仙游之战,无论是采取伏击,分进合击,或列阵迎击,都力求实施三面或四面包围攻击,迫敌分兵对付,以利各个击破。这些都表现了戚继光卓越的军事艺术才能,在中国军事史上写下了光辉的一页。

纵深防御,以城为战

——明末的北京保卫战

1149年7月初,蒙古族的一支瓦剌部在其首领也先的带领下,率兵进攻明朝,明英宗带领50万大军亲征。在河北怀来的土木堡一带遭到了瓦剌军围歼,英宗被俘,50万大军伤亡过半,精锐几乎全部被消灭。消息传到北京,全城震动。当时北京的防守力量十分薄弱,疲卒羸马不满10万,上下一片恐慌,官僚、富户纷纷遣送家属外逃,满朝文武手足无措。有人提出应迁都南方,留守京城的郕王朱祁钰此时也无所适从。

在此危急关头,兵部侍郎于谦坚决反对迁都,义正词严地指出:"倡议南迁者,可斩首!京师是天下根本,一旦迁都,国家大势就完了,难道

宋室南迁的事都忘了吗？应当立刻调集勤王兵，誓死保卫北京。"群臣绝大多数赞同于谦的意见。于是太后和郕王任命于谦为兵部尚书，全权负责保卫北京事宜。于谦临危受命，针对当时的危急局面，采取了一系列积极防御的措施。一是举贤任能，调兵筹饷。于谦举荐一大批有才能的将领，调两京、河南、山东、浙江军入京，将通州（今北京通县）可供京师一年之用的几百万石玉米运入京城。同时整顿装备，赶制兵器、火器。京营各军扩充至22万人。二是增戍关隘，牵制瓦剌军。加强了大同、宣府两京师重镇的防守，派重兵据守北京的两个大门户：居庸关和紫荆关。三是列阵九门，严守京师。以22万主力依城列于九门之外，这九门是：安定门、东直门、朝阳门、西直门、阜城门、正阳门、崇文门、宣武门、德胜门。并闭门誓师，不准将士战败退入城内。同时造战车1000辆，以增强防御能力。经过一个多月的紧张备战，形成了一个以城为营，以战为守，纵深防御，分调援军，内外夹攻的作战部署，准备同瓦剌军决战北京城下。

10月11日，瓦剌军迫近北京，也先列阵于西直门以西。13日，瓦剌军乘大风雨天气首先进攻德胜门。于谦在城外民房内设置伏兵，派少量骑兵佯败诱敌，也先率万余骑攻来。明军火炮齐发，伏兵骤起，前后夹击，大败瓦剌军于城下，也先的弟弟等被打死。也先见德胜门难攻，便集中力量转攻西直门。都督孙镗迎击，败其先锋。14日，瓦剌军又进攻彰义门。于谦令都督毛福寿将城外西南街巷全部堵塞，在要路埋伏神铳、短枪，并派都督王敬迎战于彰义门外。前队以神铳轰击，后队列弓弩短兵继进，把瓦剌军击退。

在也先进攻北京的过程中，进攻居庸关的5万瓦剌军，也遭到守将罗通的坚决抵抗。罗通利用天气骤寒，浇水灌城墙结冰，加强防御。瓦剌军进攻七天不克而退，罗通率兵出击，三战三胜。

也先进攻北京各门屡次遭到失败，中路军在居庸关又战败，并获悉各路勤王之师即将到达，害怕归路被切断，便于15日夜率军一部向紫荆关方向撤退。于谦发现也先撤退，即命令集中火炮轰击也先军营，毙伤瓦剌军万余人。明军分路追击,石亨破瓦剌军于清风店(今河北易县西),范广、孙镗败瓦剌军于固安(今河北固安),杨洪追歼瓦剌军于霸州(今河北霸县)。17日,也先率军撤出紫荆关,不久退往塞外。至此,明军取得了保卫北京的胜利。

北京保卫战,是关系到明朝能否继续保持对北方统治的决定性一战,它的胜利是以于谦为首的文武大臣在战略决策上的正确所致。首先是采取了以城为营,以战为守,背城决战的积极防御措施。而后利用北京外围的有利地形,增戍要塞,牵制敌军,使之不能直趋北京。然后列阵于九门之外,采用多层设伏的部署,不仅加大了防御纵深,增强了防御的韧性,而且能以积极进攻来反击敌人。同时集中人力物力于北京,造成了外有重镇,内有坚城,四方有勤王之师这样一个多层次、全方位的防御态势。明军有了这样的指挥和防御措施,才得以使进攻北京的瓦剌军陷于孤军深入,受挫于北京城下。

北京保卫战是中国古代大城市的以战为守,积极防御,克敌制胜的一个著名战例。

欲擒故纵，除掉大敌

——郑庄公

春秋战国是中国悠远历史长河中第一个乱世，而在这个乱世中第一个称雄一方、显赫一时的霸主，就是郑庄公寤生。

郑庄公的父亲郑武公有两个儿子，长子寤生，幼子名叫共叔段。这兄弟俩同父同母，可他们的母亲姜夫人对两个儿子的态度却有着天壤之别——她偏爱幼子，却不喜欢寤生。理由说来有些荒谬，原来姜夫人生寤生的时候难产，这让她经历了很大的痛苦和惊吓，于是便为这个儿子取名寤生（即难产之意），并且对他百般嫌弃，甚至因此置周王朝相传数百年的嫡长子继承制度不顾，多次提出改立次子共叔段为太子。

郑武公去世后，按照古老的宗法制度，长子寤生继位，是为郑庄公。成为太后的姜夫人并未安守本分地安享晚年，而是进一步干预朝政，为共叔段鸣不平。她向郑庄公讨要制地（今河南荥阳汜水镇）作为共叔段的封地。郑庄公没有答应，他说："制那个地方太过险要，当初虢叔就死在了那里。除了制，选哪里都可以。"于是姜夫人又提出以京地（今河南荥阳东南部）为共叔段的封邑。姜夫人提出这个要求，就是为了扶植共叔段培养自己的势力，远离国都，有朝一日时机成熟，篡夺国君之位。但郑庄公有言在先，只好答应。

对此，大夫祭仲有所察觉，于是进谏说："制度对于卿大夫食邑规模是有严格规定的，大的城邑不能超过都城的1/3，中等城邑不能超过1/5，小的不能超过1/9。而京城的规模已经大大超过了这一规定，如果将这块土地封给共叔段，对于国家将是一个很大的威胁，您不能不防啊！"郑庄公却无可奈何地说:"这些都是我母亲的意思,我又怎么能限制她呢?"

祭仲说:"太后绝对不会止步于此,她一定还想扩建城邑,如果扩建城邑,共叔段肯定会有进一步的行动。您应当防患于未然,否则一旦共叔段的势力发展起来,就难以应对了。您没听说过'草蔓难除'这句话吗? 更何况是您深受太后庇护的弟弟呢!"

郑庄公说:"多行不义必自毙,就让我们静观其变吧!"

果如祭仲的预言,不久共叔段就开始扩建城邑。见郑庄公没什么反应,共叔段更加肆无忌惮,于是下令让西部和北部的边境之民都服从自己的命令。

共叔段的嚣张跋扈,终于引起郑国上下的不满。大夫公子吕对郑庄公说:"如今的郑国已经有两个君主了,下达两种命令,辖制着两地的臣民。您作为真正的国君,怎么能容忍这种情况呢? 如果您不能解决这个问题,索性就将君主之位拱手让于共叔段。如果您不想这样,就请下定决心除掉共叔段,否则百姓早晚会生出二心。"

郑庄公则胸有成竹地说:"不用我去除掉他,他早晚会自取灭亡的。"

郑庄公的放任,更加助长了共叔段的气焰,他甚至宣布郑国西部、北部边境为自己的封地,并把封地扩展到了廪延(今河南延津县东北)。

公子吕按捺不住了,对郑庄公说:"我们必须决断了,否则,等到共叔段羽翼丰满,民心就会归顺于他了。"

郑庄公则再一次选择了隐忍,他说:"不义之举,定失民心,他的势力越强大,便越是接近分崩离析。"

随着郑庄公的放任,共叔段的野心渐渐得到满足,他开始不计后果地制造武器,积聚粮食,修整城池,正式开始了筹备攻打郑国国都的计划。

事实上,郑庄公时刻关注着共叔段的一举一动,获悉了共叔段的所有阴谋。共叔段起兵时,郑庄公终于等到了机会。他对公子吕说:"可以动手了。"随即,郑庄公命令公子吕率大军去京城讨伐共叔段。京城的人听说国王派军前来,纷纷倒戈。共叔段成了孤家寡人,只好弃城而逃,最后成了郑庄公的阶下囚。

郑庄公采取欲擒故纵的手段,摸清了共叔段的心理,并将其慢慢引入事先布下的网中,最终巧妙地使对方处于自己的掌控之中,再以正义压邪恶,替天行道。不过,需要注意的是,"欲擒故纵"虽会起到不可言的妙用,但是这个"纵"是需要心中有十足的把握,即一定要摸清对方的底细。否则,使用不当则会弄巧成拙。

"明修栈道,暗度陈仓"

——赵 奢

赵奢是战国时期赵国的著名将领。公元前 269 年强大的秦国进攻弱小的韩国,大军围攻韩国的战略要地阏与。阏与守军独立难支,急忙派人向赵国求救。赵惠文王立即召集众臣商议。他首先询问大将廉颇,可以派兵去援救韩国吗?廉颇很痛快地回答说:"不可以,因为路途遥远而又险峻狭窄,急切难救。"赵王又问大将乐乘,乐乘的回答和廉颇一样。这时,赵王问站在一旁的赵奢:"你也认为不能派兵救韩国吗?"赵奢看了一眼廉颇和乐乘,然后转向赵王说道:"韩赵唇齿相依,今不救韩,秦军破韩必转戈向赵。道路确实遥远而又险峻狭窄,但这像两只老鼠在洞中争斗一样,将领勇敢的可以获得胜利。"赵王非常欣赏赵奢的见解,遂决意派兵救赵,并任命赵奢为主将统率赵军救援阏与。

赵奢率领军队离开都城邯郸 30 里远的时候,就停了下来,开始修筑壁垒,严密隐蔽了奔袭阏与的作战企图。表面上给人造成一种假象,似乎赵奢所率之军纯系为了护卫都城邯郸。为了迷惑秦军,赵奢传令军中:"有敢对军事行动进言的要处以死刑。"当时秦军的先头部队已进至武安西部,大有一举进击武安之势。于是有人建议去援救武安,赵奢当场就把他杀了。之后下令增修壁垒,作坚守不出之状,屯兵 28 天都没有向前推进。赵奢的这一安排令秦军大惑不解,为了弄清赵奢的真正意图就派间谍混入赵军营中。赵奢明知是间谍,但却佯装不知,还用好饭菜招待他,并有意让他看到欲作固守的阵地和营垒。间谍回去后把看到的情况报告给秦将。秦将听后大为高兴地说:"赵军离开国都才 30 里,就不敢前进了,只是在那里加固营垒,看来这下阏与再也不是赵国的地盘了。"于是放松了对赵奢的警惕。而赵奢呢?他在送走秦国的间谍后,立即传令全军换下甲胄,轻装飞速前进,以迅雷不及掩耳之势,神不知鬼不觉地全军突然进到阏与附近,然后命令一批箭法好的将士到阏与50里外扎营,同时命令主力部队抢修营垒。等到赵军把一切都安排好之后,秦军才知道消息,于是下令全军迎敌。在两军对垒之时,军士许历请求对军事问题谈一点看法,赵奢把他让到帐内。许历说:"秦军没有料到赵军突然来到,所以他们前来迎击之师必然气势很猛,将军一定要集结重兵严阵以待,否则轻率出击,挡不住秦军的猛烈冲击,就要打败仗。"赵奢说:"你这个意见很好。"遂按许历的建议作了周密的布置。许历又进言说,北山居高临下,是这次战役的有利地形,谁先抢占它,谁就将取得整个战役的主动权,就能取得战役的胜利,而后至者就将处于被动的地位,必然导致失败。说完之后许历对赵奢说:"请按军法把我杀了吧。"赵奢说:"等以后回到邯郸再说。"然后立即派出一万精兵迅速抢占北山。等到赵军已列好阵势时,秦军也赶到了。秦将也知道北山是战略要地,落在赵奢手中,对秦军是极为不利的。所以命令军队一定要不惜代价夺回北山。两军在北山展开了激烈的攻守战,因有利地形被赵军占领着,所以秦军屡攻不下,秦军有些气馁。赵奢抓住这一有利战机,命令赵军全面出击。赵军居高临下,纵军反击,秦军被赵军的突然反击打得溃不成军,秦将率领败军溃散而退。阏与之围遂解。赵奢亦率胜利之师返回都城邯郸。

赵奢以其卓越的军事指挥才能出奇制胜一举打败了强大的秦军,而成为历史上的名将。赵惠文王因其功赐号马服君,与廉颇、蔺相如同位,许历也因其谋划之功而被任命为国尉。

文能服众，武能威敌

——司马穰苴

司马穰苴是春秋时期齐国人，我国早期著名的军事家，他的军事思想主要记载于《司马兵法》中。

司马穰苴治军有方。当时的齐国，已经失去了诸侯国中的霸主地位，但是国势仍很强大。在这样一个特定的时期，齐国虽兵多将广，但是军纪涣散，缺少能够令人信服的将才。更加令人担忧的是，邻国的晋和燕又同时进犯齐国边疆，齐国守军节节败退，致使国君齐景公深为忧虑，寝食不安。国相晏婴早就听说司马穰苴为将门之后，很有军事才能，只可惜长期埋没在民间。于是他向齐景公推荐司马穰苴，齐景公立即召见穰苴，与他谈论军国大事，穰苴的非凡见解，博得了景公的信服。于是，齐景公拜司马穰苴为大将，命他率军速往边疆。

司马穰苴深知，军队要想取得胜利，必须有严明的纪律，同仇敌忾，步调一致，而以齐军目前的状态，是很难在战争中取胜的。于是，司马穰苴对齐景公说："我们的第一大事是要治理军队，但是以我一个布衣草民的身份，虽然身为上将，恐怕也很难使众人信服，我请求大王派一位能孚众望的大臣作我的监军。"齐景公认为司马穰苴说得很对，就派了他非常赏识的大臣庄贾去做监军。司马穰苴嘱咐庄贾："明日就要点兵出征，请监军大人务必在午时赶到。"

第二天，司马穰苴在太阳下立竿记时，准备在中午时分准时点兵出发。可是，已经到了中午，仍不见庄贾的影子。司马穰苴只得出帐点兵，他严肃地向全军将士晓明军纪，全营里鸦雀无声，可是有的将领心里却在暗自寻思，倒要看看这位新统帅如何处置迟迟不到的监军。

却说这位庄贾，一向在齐景公身边骄纵惯了，他根本就不把司马穰苴和什么点兵放在心上。他的同僚亲友听说这位国君的宠臣亲临疆场，倒是视若非凡，纷纷前来设宴送行，庄贾与他们饮酒作乐，半日不散。直到日薄西山，庄贾才率领一行车马，姗姗而来。一进军营，他顿觉气氛不对，迎面看见帅旗下正襟威立的司马穰苴，向他问道："监军大人为何不按时报到，而误了战机？"庄贾回答说："亲友前来设宴送别，所以来迟了。"司马穰苴拍案怒道："身为大将，以身报国，应把家事忘掉；听到战鼓声，在疆场上奋战，应该舍身忘死。现在敌军压境，大敌当前，百姓人心骚动，士卒战死在杀场上，国君寝食不安，你身担保国救民的大任，哪来的心思饮酒送别？"一番话说得庄贾脸红心跳，直冒冷汗。而司马穰苴却继续道："军法官！点卯不到，贻误了军机，论军法应该怎样处置？"军法官答道："按令该斩！""来人，把庄贾拿下，就地斩首！"司马穰苴命令一下，庄贾手下早有人飞马去报景公，然而不待他赶到，庄贾已经身首异处，人头落地。再说齐景公接到报告，连忙派人带着赦令急驰而来，而这个使者一时情急，来到军营也不通报，打马驱车直入。穰苴接到赦令，义正词严地告诉使者："将在外君命有所不受，庄贾触犯军规，依法当斩。你驾车在军营里横冲直撞，按照军法，也该杀头。"来人眼见庄贾人头落地，又见司马穰苴这样的态度，心中顿时恐慌万分，连忙求饶。司马穰苴考虑事出有因，使者可以不杀，但是，军法又不能不执行。于是，命人将车拆碎，马头当众砍下，以表示惩罚。三军将士眼见着司马穰苴的一系列举动，全吓得连大气都不敢出，对这位布衣将帅，人人畏惧，再不敢违犯军纪。

司马穰苴趁此机会，整顿了军纪，他所统率的部队纪律严明，真正做到了令行禁止，声威远震。接着，他率领大军奔赴边境。除了让将士服从自己的命令之外，司马穰苴还懂得，要博得他们的敬佩和爱戴，因此，在行军途中，司马穰苴以身作则，身先士卒，所到之处，要亲自察看后，才让军队安营扎寨。他与士兵吃一样的饭菜，住一样的帐篷，深入兵卒之中，了解他们的疾苦。他虽然对触犯军法的人严惩而决不手软，然而却从不无故责骂兵卒,还把朝廷赐给自己的酒菜,与大家分享。全军将士很快了解了司马穰苴,对他既崇敬又爱戴,因此,每次行军作战,一个个出生入死、英勇无比,司马穰苴的军队所向无敌。

再说晋国和燕国的侵略军,听说司马穰苴的军队如此厉害,心中早已害怕,因此不待交战,就急急撤走,真所谓望风而逃。齐军乘胜追击,大败敌人,收复了失地。

司马穰苴凭着自己卓越的才能,成了文能服众,武能威敌的大将,并且被齐景公封为司马。可是,由于奸诈权臣的陷害排挤,他的才能不能充分发挥,随着齐国的逐步衰落,他也逐渐不得志,终于隐退回乡,著书立说,后来忧虑成疾而死。

在司马穰苴死后的 100 多年,齐威王主持整理兵法,把司马穰苴的著作编在其中,并定名为《司马兵法》,使这位军事家的思想得以流传,并被人效法。

以不战而屈人之兵

——田 单

田单,是战国后期齐国的著名将领,生卒年不详。原本是临淄的一个都城小吏。公元前 285 年,燕国派大将乐毅攻打齐国。燕军长驱直入,大破齐军,连连攻克齐国 70 多座城池,齐滑王出逃。齐国仅剩莒、即墨两座城没有被攻下。燕军攻打安平时,田单恰在此城。他让族人把车轴两端突出的部分锯掉,用铁箍包住轴头。不久,燕军攻陷安平,人们像潮水般奔向城门想逃出城去,但由于道路拥挤,车轴头被撞断,车子无法行走,许多人被燕军俘虏。只有田单用铁箍包轴头的车顺利走脱,逃到即墨。不久,燕军又进攻即墨,守城将领出城迎敌,结果战死。城内军民知道安平之役只有田单得以脱身,认为田单懂军事,便一齐推举他当了将军,领导即墨抗击燕军。

燕军攻打莒、即墨两城几年都没有攻下。有人就在燕昭王面前说乐毅的坏话。燕昭王听了不但不信,反而把造谣的人杀了。乐毅从此更加忠于燕王,并且加紧围攻莒、即墨两城。不久,燕昭王病故,燕惠王即位。惠王还是太子时,和乐毅关系就不太好。田单知道这个情况后,就使用了反间计,到处派人散布说:"齐王已经死了,只有两个城没有攻下。原因是乐毅害怕被燕王杀害,所以以进攻齐国为名,实际上是要联合齐人在齐国称王。由于齐国军民还没有归附,所以故意缓攻即墨,来等待齐人的归附。现在齐人最怕燕王派别的将领来,那样即墨、莒城就守不住了。"燕惠王果然中计,就派骑劫代替乐毅来统率燕军。乐毅害怕回国被害,便投奔了赵国。燕军士兵知道后都愤愤不平,士气大受影响。

当时的形势是燕强齐弱。为了提高齐军的士气,同仇敌忾地战胜敌人,田单采用了许多激励士气的措施。他命令城中人在吃饭时先洒一些米粒祭祀祖先。许多飞鸟见到米粒后,便在即墨的上空成群飞翔,并落下来吃米粒。燕军见了都觉得十分奇怪。田单乘机说:"这是神人下来帮助我们守城的!"同时告诉城中人说,一定会有神人来给我当老师的。这时,有一个士卒说:"我可以当你的老师吗?"说完就想逃走。田单马上把他追回来,让他面向东坐在长者席上,真的把他当老师那样侍奉。士卒只好老实对田单说:"我是骗你的,其实我什么本领都没有。"田单告诉他不要把这件事说出去,还把他当老师对待。以后,每次下命令都说是神师的主意,齐军将士都要服从。他还派人到燕军的营垒散布说:"齐人最怕燕军割掉齐国投降士兵的鼻子,放在阵前同我们交战,那样即墨就守不住了。"又说,田单最怕燕军挖掘城外齐国人的坟墓,这是侮辱祖宗。燕军听到后真的把齐国投降的士兵的鼻子都割了放在阵前,还掘了城外齐人的墓地,连死人的骨头也烧了。城中人见了无不切齿仇恨燕人,纷纷愤怒地要出城报仇。

田单见齐军的斗志已被激发起来,可以同敌人作战了,于是与士兵一起携带军械,把自己的妻妾也编在队伍中,把酒、茶、饭食全部分给将士。广大将士决心奋死一战。为了麻痹燕军,田单让强壮的士兵埋伏起来,叫老弱妇女登城守卫,又派使者到燕军那里诈降,并把集中起来的黄金首饰,派即墨城的富豪送给燕军将领,并对他们说:"即墨就要投降了,希望燕军不要掳掠我们的家产和妻妾,让我们安居。"燕将听后非常高兴,当即答应了他们的请求。燕军松懈了斗志,放松了防备。

做好这一切战斗准备之后,田单在城内收集 1000 多头牛,全都用大红色的绸缎披在牛身上,并画了五彩龙纹,牛角上绑着锋利的尖刀,用灌了油脂的干芦苇绑在牛尾巴上。把城墙凿开了几十个口子,晚上用火把点燃芦苇,派 5000 精壮士兵跟在后边。芦苇着火后烧得牛尾灼痛,群牛负痛狂奔,直冲燕军军营。燕军惊慌失措。牛尾上的火光照得黑夜透亮。燕军一看全是有龙纹的怪物,只要被这怪物冲撞的人,不死也伤。

紧随牛后的 5000 精兵也一起冲击,即墨城中士兵也在喊杀声中随后冲出,城头上的老弱妇女一起敲击铜器助战,响声惊天震地。燕军万分惊骇,纷纷四处奔逃。混战中齐军斩杀了骑劫,燕军溃逃,齐军乘胜追击。凡是齐军所经过的城池,军民都反击燕军而报归田单。齐军人数越来越多。燕军连连败退,一直逃到河口。被燕军夺去的 70 多座城齐军全部收复了,田单把齐襄王从莒接到了临淄重新执政。田单因功绩卓著,被封为安平君,后任齐国的丞相。

田单在他一生的军事活动中,充分表现出他的智勇双全和善于出奇制胜的指挥才能。即墨一战,田单把非军事手段和军事手段相结合,先瓦解涣散燕军斗志,然后把敌军视为弱小,并用激发了斗志的军队,最后给以致命一击,取得了胜利,成为我国历史上以弱胜强的著名战例。

善于服其心而夺其城

——乐 毅

乐毅，河北灵寿人，是我国战国后期燕国的大将，生卒年不详。乐毅小时候就十分聪颖，品行端正，喜好兵法，赵国重用了他。后来因为赵武灵王在王位继承上发生内乱，乐毅就跑到大梁（魏国都城），在魏国做了大夫。

不久，乐毅奉魏王的命令出使到燕国。当时的燕国，疆域小，地处北方，兵势较弱，齐国曾乘燕国之乱而大举进攻打败过燕国。燕昭王复国后，对齐国十分怨恨，没有一天不想报齐国攻燕之仇。于是燕昭王筑金台招纳贤士，注意改革，整顿政治。燕昭王早就听说乐毅才智出众，有贤德的名声，于是对乐毅极为尊敬，礼仪上对他非常优厚，同乐毅做了知心朋友。乐毅深感燕昭王对待他非常真诚，就留在了燕国，做了燕昭王的亚卿，用自己的才能帮助燕昭王训练出一支强大的军队。

当时的齐国是十分强大的。在南方，大败楚将唐昧于垂沙，在西方攻占了三晋——韩、赵、魏的观津，又联合赵国进攻秦国，灭亡了中山，攻破了宋国，扩地千余里，已准备同秦国争霸中原。但同时，由于齐湣王非常骄傲，目空一切，对内欺压而失却了他的信用，对外与诸侯结下了怨恨，国内政治局势不稳。燕昭王看到齐国这种局势，认为时机成熟，就想兴兵伐齐，于是他向乐毅求问策略。乐毅回答说："齐国系霸主之余业，地广人多，根基较深，且熟习兵法，善于攻战。对于这样一个大国，虽有内患，但仅靠我们一个国家去打它，很难取胜。如果大王一定要去讨伐它，必须联合楚、魏、赵、韩各个国家，使齐国陷于孤立的被动地位，这样才能取胜。"燕昭王认为乐毅的意见对，于是就派乐毅去赵国约会赵惠王，并通过赵国进而劝说秦国予以帮助。同时又派剧辛为使臣分别到楚国和魏国进行联络。各国因为怨恨齐国已经很久，听说联兵伐齐，都表示赞同。乐毅将联络情况报告给燕昭王。燕昭王听后非常高兴，于是征发全国军队，任命乐毅为上将军。赵惠文王把相国印授给乐毅，乐毅便统领赵、楚、韩、魏、燕的军队进攻齐国。齐湣王听了报告，亲自率领齐军主力逼近济水（今山东济南西北）之滨。两军相遇，乐毅亲临指挥，率五国联军发起猛攻，齐军大败，齐湣王率残军逃回都城临淄。

济水大捷后，其他四国军队都班师回国，只有乐毅率燕军深入齐国腹地，追击齐湣王到齐国都城临淄。齐湣王见孤城难守，便率少数臣僚逃往莒城顽强坚守。乐毅攻入临淄，把掳夺的珠玉珍宝、车甲祭器，连同齐国的镇宫钟，都运回燕国。燕昭王听到胜利的消息十分高兴，亲自到济水前线慰劳将士，封乐毅为昌国君。乐毅率燕军留在齐国五年，先后攻下齐国70多座城，只剩下莒城和即墨没有攻下。乐毅认为，单靠武力不能使民心臣服，民心不服，即使全部占领，也无法巩固燕国对齐国的统治。因而他对莒城、即墨采取了围困却不攻打的方针，对已攻占的地区实行减赋税、废苛政、尊重当地风俗习惯、保护齐国的固有文化、优待地方名流等收服人心的政策，从根本上瓦解齐国。正当全胜在望之际，燕昭王因病去世，他的儿子立为惠王。惠王作太子的时候就与乐毅不和，即位后听信谣言，下令召回自己不满意的乐毅，派骑劫为大将去齐国接替乐毅。乐毅知道这是燕惠王怀疑自己，如果听召回燕，很可能身遭不测，于是拒绝回燕而投奔赵国。赵惠文王也十分敬重乐毅，封他为望诸君。

后来齐国大将田单与骑劫大战，用火牛阵在即墨城下大破燕军，杀死骑劫，继而收复了全部失地，将燕军赶出了齐境。

用骑劫代替乐毅，酿成惨败，燕惠王十分懊悔，但又怨恨乐毅离开燕国跑到赵国,害怕赵国使用乐毅进攻燕国,便派人向乐毅表示歉意,并请乐毅返回燕国。乐毅听后给燕惠王写了一封信婉言谢绝了燕惠王的劝说。燕惠王封乐毅的儿子为昌国君,乐毅也愿意做赵、燕两国的客卿,往来通好,最后死在赵国。

乐毅在战争指导方面,充分表现了他的军事素养和指挥才能。他把外交与军事斗争结合起来,把军事攻势与政治攻势结合起来,注意争取同盟而孤立强国,善于安抚民心,而不急于夺取城池,这在当时来说很了不起。只因为他具有这样深远的战略思想,才取得了伐齐战争的重大胜利,为中国古代战争史谱写下辉煌的一页。

稳如处子,形如脱兔

——王翦

公元前 225 年,秦王嬴政已经灭掉了韩、赵、魏,并把燕王喜赶到了辽东,占领了燕国的大部分土地。随着军事上的节节胜利,秦王嬴政决定率军南下,进攻楚国。对于如何进军,需要动用多少兵力,秦王嬴政征求重要将领的意见。他首先问李信:"我想要兴兵灭楚,将军认为要用多少兵马?"李信正当年轻,勇猛气盛,便回答说:"我看最多不超过 20 万。"秦王嬴政又问王翦,王翦说:"楚是大国,地域辽阔,按我的估计,至少 60 万。"秦王嬴政说:"王将军到底年老了。怎么如此胆小呢?李将军虽然气势勇猛,但他的话可行。"于是任命李信为大将,率军 20 万,南下伐楚。王翦因为自己的意见不被采纳,遂告病还乡,退归频阳。

李信和蒙武分兵两路攻楚,取得了初战胜利后,两军会于城父(今河南宝丰县),并与项燕率领的楚军主力相遇。项燕见秦军求胜心切,先示之以弱,后用伏兵,诱使李信中计,大破秦军,李信率残军退回秦境。

秦王嬴政听说李信大败,十分震惊,于是亲自到频阳请王翦出山,率兵伐楚。秦王嬴政说:"我没听老将军的意见,致使李信丧师辱国,形势对我们很不利,务请老将军辛苦一趟,统兵出战,为我分忧。"王翦声称自己年龄大了,且身体多病,婉言谢绝。秦王嬴政坚持说:"我考虑再三,要取得伐楚的胜利,必须老将军出马,希望老将军不要再推辞。"王翦见推脱不掉,就根据秦楚双方态势提出了自己的要求:"我们不只是要打败楚国,而是要消灭它,并全部占领它。就楚国来说,它是东南大国,土地辽广,人众兵多。所以,大王一定要用 60 万大军才行。"秦王嬴政十分赞许王翦的分析,就封王翦为大将军,统兵 60 万伐楚。大军出行,秦王嬴政亲率群臣送至灞上。王翦对秦王嬴政说:"臣有些要求,请大王答应。"秦王嬴政说:"有什么要求你只管提,我一定答应。"王翦说:"请在咸阳城内赏给我良田美宅,以备养老之用。"秦王嬴政听后大笑:"老将军成功之后,与我同享富贵,难道还怕将来贫困吗?"王翦说:"大王手下的将军,有功也不能受封,所以,不如趁我还能看见的时候,请大王赏我一点田园宅第,作为子孙后代的基业。"秦王嬴政笑着答应了王翦的请求。王翦在进军途中又几次派人请求秦王嬴政为他善修宅院,随军将校进言相劝说:"老将军一再要求赏赐,是不是太过分了?"王翦哈哈大笑说:"君王多有猜疑之心,对将领用而不信,很难取胜。现在大王把全秦之兵都托付给我,我只有多请田宅表示我无异心,使大王对我放心,我们才能在外专心用兵。"王翦的深谋远虑使将校们大为折服。

王翦领军到达天中山(今河南汝南县境)秦楚交界的地方,就停止前进,驻扎下来。楚王听说王翦率大军而来,就命大将项燕统领全国兵力抗秦。而王翦则筑垒设防,并不交战。楚军几次挑战,秦军终不肯出。王翦与士卒同吃同住,休养生息,整顿军马,大有长期驻守之势。就这样,两军相持了一年多。由于王翦采取的都是守势,丝毫看不出一点攻势,所以项燕误以为秦军没有进取的意思,加上兵士长期劳累,士气低落,于是决定引军东去。正在楚军放松戒备,准备拔营东归的时候,王翦指挥几十万大军突然发起进攻,如同下山猛虎,直扑楚军。楚军因仓促应战,十分被动,经过几天激战,楚军主力大部被歼。项燕引残军节节败退,王翦紧迫不舍,至蕲南(今湖北罗田、黄冈以东,长江以北)全歼楚军,斩杀项燕。不久,又俘虏了楚王,然后渡长江,平定吴越,到公元前 223 年全部占领楚国领土及其附属地,改设南郡、九江郡和会稽郡。王翦灭掉楚国之后,凯旋后向秦王嬴政告老,返回乡里。

王翦有大功于秦,在统一六国的战争中占有重要地位,从而成为我国历史上的名将。作为大将,王翦具有文武兼备的才能和刚柔结合的性格。战机不到,他稳如处子,而一旦抓住战机,则形如脱兔。在战役指挥中,他坚持"知己知彼,百战不殆"的原则,注意分析形势,并针对每战的具体实际,灵活运用不同的战法去制胜敌人,显示出他卓越的军事谋略和指挥才能,在我国军事史上具有重要地位。

不留退路，誓死杀敌

——项 羽

秦朝末年，由于施政残暴、不得民心，因此各路英雄纷纷揭竿而起，反对暴秦，自立为王。这其中，项羽就是一名出色的将领。

不过，秦朝军队也并非不堪一击。秦将章邯曾经打败过项羽的叔叔项梁率领的楚军，自认为楚军没什么可怕的。接下来，他又开始攻打赵王赵歇。赵军也抵御不了章邯的进攻，一直退到巨鹿这个地方。章邯派手下的王离率军将巨鹿重重包围，自己则率其他军队驻扎在距离巨鹿不远的地方，并修筑通道，为王离的军队输送粮草。

被困在巨鹿的赵军毫无办法，只能乞救于援军。这个时候，赵国将领陈余率军驻扎在巨鹿以北的地方，但由于人数远远少于秦军，不敢轻举妄动。而楚国的楚怀王也收到了赵王的求援信，于是派宋义为上将军,项羽、范增为将,前去巨鹿救赵。

宋义率领的楚军浩浩荡荡地出发了,一直来到安阳(今山东省曹县东),却突然停了下来,一停就是40多天。军中战士都很奇怪,不是说去救赵吗,怎么停下来不走了? 不过,这是主帅宋义的命令,大家也不敢多说什么。

原来,宋义是个懦弱之人,看到秦军的阵势,不敢前去作战,因此想在这儿拖延时间,等秦、赵厮杀有了结果,再坐收渔翁之利。项羽明白了宋义的想法后,不由得怒火中烧。项羽一向是个脾气火暴、敢作敢为的人,而不像宋义这样精于算计。他看着每天悠闲自得的宋义,觉得他真是个窝囊废,怎么配领导一支军队? 而且,宋义看出项羽对自己不满,还下达了一道军令:违背自己命令的人一律杀无赦。于是,项羽逐渐萌生了杀掉宋义取而代之的念头。

这时,正好机会来了。齐国聘请宋义的儿子宋襄到齐国出任国务大臣。宋义很高兴,亲自前往楚国和齐国的边境无盐县去给儿子送行。军队正在战时,主帅却忙着办私事,这让楚军内部也滋生了很多不满。

于是,项羽趁这个机会召集军中将领们开会,声讨宋义。他对将士们说:"现在赵国形势危急,亟需各国救援,我军却停滞不前。现在天气恶劣,粮草供应不足,我们要是一直待在这儿,早晚要饿死。不如立刻渡过黄河,依靠赵军的粮草,这样才是上策。宋义身为主帅,不能体恤士卒,反而忙着自己的私事,这样的统帅不是国家的忠臣。"项羽的话得到了众多将领的支持。

第二天,项羽来到宋义的军帐中假装拜见宋义,趁机将其斩首。出来后,他假借楚怀王的命令宣布:"宋义与齐国串通谋反,怀王令我秘密杀掉他。"在场的没有人敢说什么,于是一致拥护项羽接替宋义,代理上将军。楚怀王知道这件事后,也不好说什么,只得顺水推舟地正式任命项羽为上将军,率领军队前去救援赵军。

项羽的行事风格与宋义截然不同。他掌握军权后,马上积极部署救赵方案。他首先派英布、蒲将军率两万楚军渡过漳河,对章邯带领的秦军后援部队发起进攻,切断了章邯与王离之间的联系。接下来,项羽就要率领其他部队渡河了。

这时候,项羽突然下达了一个奇怪的命令。他下令每名士兵带足三天的口粮,并砸碎所有行军做饭用的锅。大家都愣住了,没有锅,以后怎么做饭?吃什么呢?项羽镇定地对将士们解释道:"没有锅,我们的行动会更轻便、更迅速。而且,等我们打败了秦军,就用他们的锅来做饭吧!"大家听了,都激发起战斗的热情。大军很快渡过了漳河。这时,项羽又命令士兵们把渡河用的船全部砸毁,沉到河底。这是让士兵们知道,他们没有后路可退,必须前进。不是赢,就是死!

在这种激励下,楚军士气大涨,各个奋勇拼杀,与王离的军队展开恶战。经过艰苦的战斗,楚军以少胜多,打败了秦军。王离被俘,章邯退兵,本想向朝廷求援,但秦廷被赵高把持,不愿出兵。章邯走投无路,最终向项羽投降。

巨鹿之战是中国历史上一场著名的以少胜多的战役,这种胜利正是凭借"没有退路"这个信念支撑起来的。作为领导或统帅,懂得激发属下的破釜沉舟精神,确实需要智慧。

无疆场格斗之功，有运筹帷幄之劳

——张　良

张良是我国秦汉时期的著名军事家和政治家。他为建立统一的西汉做出了卓越的贡献。

张　良

公元前 206 年，张良随刘邦西进下武关，直扑关中。进至峣关，时为秦军所阻。刘邦打算用 2 万人强攻峣关。张良分析了当时的政治、军事形势，认为强攻不行。因为秦兵还很强大，不可轻敌，只能智取，不能强攻。张良向刘邦建议说："听说峣关守将是个屠户的儿子，见利忘义。我们应当严阵以待，先派人准备好五万军粮，以备发起总攻之用，同时派人在峣关四周山头插满旗帜,作为疑兵,示之以威,扰乱敌人军心。再派郦食其用金银珠宝贿赂收买秦军守将。"刘邦听从张良的计策,做了部署。果然秦将接受贿赂准备投降,并欲与起义军联合西袭咸阳,刘邦认为这是个好主意,准备接受秦将的方案。但张良却反对说:"这只不过是秦军个别将领贪利轻诺,恐怕整个军队不一定愿意听从,因此,我们现在和秦军联合袭击咸阳是危险的。相反,我们如果乘其松懈向峣关发起突然袭击,则一定会拿下峣关。"刘邦立即下令总攻峣关,秦军猝不及防,峣关不日即破。刘邦挥军直抵咸阳,大军压境,秦王子婴投降,刘邦率军进驻咸阳。

　　公元前205年,刘邦在彭城被项羽打败,仅率张良等数十人脱身,从小路退回到下邑(今安徽砀山)。回到下邑后,他问张良,在现在这种不利形势下,怎样才能扭转局面而成就大业。张良根据当时楚汉形势的不同,分析了各种势力之间的关系和现状,指出只有争取楚将英布,瓦解项氏集团,联络彭越,扩大反楚统一战线,充分发挥韩信的才能和作用,才能转劣为优,最后消灭项羽。这就是有名的"下邑之谋",它是刘邦关于楚汉战争战略方针的指导思想和核心内容。刘邦根据张良的意见,一面派人游说英布,联络彭越,共击项羽;一面派韩信独自率军开辟北方战场,因而取得了楚汉战争的主动权。至此,张良成为刘邦身边不可缺少的"画策臣"。公元前204年,刘邦被项羽围困于荥阳。在情势危急之下,刘邦与谋士郦食其商量怎么对付项羽,郦食其认为分封是个好办法。他对刘邦说:"陛下如能分封六国后裔,使其复国,他们必将感谢您的恩德,愿意臣属于您,您就将面南而称王,那时项羽也必将恭敬地来朝谒您。"刘邦也因为别无选择,所以立即同意这一计划,派人尽快刻制六国王印,让郦食其带到各地去分封。就在制印工作紧张进行之时,张良从外地回来谒见刘邦。刘邦就把制印分封的事告诉了张良,并问张良对这件事的态度。张良听后,大为惊异,不禁脱口而出:"是谁为陛下出的这个计策,果真如此,陛下的大业就前功尽弃了。"刘邦忙问:"为什么?"张良分析历史和现实的不同情况,慷慨陈词,从八个方面指出了不可分封的理由。张良的精辟分析,使刘邦恍然大悟,气得吐出口中的食物,骂道:"竖儒,几乎把老子的大事给毁了。"立即下令停止制作王印。

公元前202年,刘邦率军追击项羽到阳夏(今河南太康),原定与韩信、彭越在此会师合歼项羽。但韩信和彭越由于刘邦尚未划分他们分封的疆界,所以按兵不动。结果刘邦孤军进入,被项羽打得大败,只好退守固陵(今河南淮阳),掘壕固守。刘邦于是又问策于张良。张良在分析了韩信、彭越未率军前来的原因后,劝说刘邦先暂时做出让步,满足他们的要求。刘邦依其计,分封了韩信和彭越。韩信和彭越受封后果然率军前来参加会战。大军把项羽围困于垓下(安徽省五河县沱河北岸),全歼楚军,项羽退及乌江自刎而亡,五年的楚汉战争至此结束。

公元前201年底,刘邦大封功臣,张良虽无疆场格斗之功,但有运筹帷幄之劳,刘邦认为应该居功臣之首。他对众臣说:"坐在军帐中运谋定计,而取得千里之外的胜利,乃子房之功,请自择之万户为封邑。"张良婉言谢绝了刘邦的赏赐,受封为留侯。

公元前196年,淮南王黥布发动叛乱,刘邦抱病亲征。张良病重,送到曲邮(今陕西临潼),对刘邦说,要令太子为将军,监关中兵,以慑服人心。另一方面,他又分析了叛军勇悍而轻捷的特点,建议刘邦慎重行事,千万不要硬拼,刘邦采纳了张良的建议。在后方,令太子带三万军屯驻灞上,并委托张良兼代太子少傅的任务,在前方率军屯驻庸城(今湖北竹山东)对阵以待,直到叛军气馁,才乘势发动反击,大获全胜,追斩黥布于鄱阳湖。

张良因病于公元前189年逝世。作为军师的张良,在辅佐刘邦兴汉灭楚,统一全国,建立西汉政权的过程中,发挥了巨大的作用,充分表现出他在政治上和军事上的杰出才能。张良虽系文弱之士,不曾挥戈应敌,但却以军谋家著称。唐玄宗为吕尚立庙,选十哲(历代十位著名军事家)配享,以张良居首。在我国人民中间,作为足智多谋的智慧化身,张良有着深远影响。他还悉心整理,编汉初传世的各类兵书128种,为保存和研究一大批军事著作做出了巨大贡献。

疑心生暗鬼，疑忌失重臣

——陈　平

汉朝的开国谋士陈平从小就是一个父母双亡的孤儿，他跟着自己的兄嫂过日子，哥哥发现他很喜欢读书，就让他去私塾中学习。

陈平长大后，天下正处于一片混乱中。陈平所居住的武阳最近的地方是下相，而下相正是项羽叔侄起义的地方，于是他就偕家眷投奔了项羽。在楚军之中，陈平只担任了一个行走秘书的职责，项羽虽然是一个豪杰，却没有发现陈平的才能，因为一点儿小事就要杀他。陈平非常担心自己死在项羽刀下，便连夜逃走，投奔了刘邦。

刘邦对陈平非常器重，让他跟随在张良左右，给萧何、曹参等人做助手。虽然身兼数职，但陈平感念刘邦对自己的恩情，非常卖力地帮助刘邦。

楚汉相争之时，项羽意识到粮草对于自己的重要性，所以不再攻击刘邦的城池，而是一味地抢夺汉军从荥阳送来的粮草。汉军的粮草不断被楚军抢走，让刘邦和谋臣们都非常头疼，但又无计可施。刘邦便想到了议和的策略，希望能够以荥阳为界，将天下一分为二，和项羽各自为王。但是这个提议并没有获得项羽的同意。

内外交困之时，刘邦想到了陈平，便向他请教。陈平对刘邦说："项羽这个人，为人猜忌信谗，他最得力的助手就是亚父范增和钟离昧等人。可是每一次奖赏功臣的时候，项羽都舍不得爵位和封地，所以很多人不愿意为他卖命。如果大王舍得几万金，我就可以施展反间计，让他们君臣之间产生嫌隙，上下疑心，引起内讧。到那个时候我们就可以趁机反攻，最后将楚军击败了。"刘邦对于陈平的计策非常赞同，当即就给了他四万金。

陈平利用手中的黄金，收买了楚军的将士，让他们散布流言。一时之间，楚军之中流言四起，人人都在传说钟离昧等大将辛苦了这么久，却没有享受到该有的待遇，楚王要是再不奖赏他们，恐怕这些大将都要投奔汉王了。谣言传到了钟离昧的耳中，他们固然不以为然；但是项羽听到之后，却心生疑窦。从此，项羽将钟离昧等人排除在军机大事商议会议之外，就连范增都开始怀疑。为了确认这些信息是否是真的，他便派遣了使者去汉营中探察。

刘邦听说项羽的使者要来，忙将这个消息告诉了陈平。当楚营的使者来到汉营的时候，陈平便故意拿出丰盛的食物来款待他们，可是见到使者的时候，他又故意做出一副惊讶的样子，低声和旁边的人议论道："本来以为是亚父范增的使者，没想到是楚王的使者。"说完，陈平还让侍者将食物都收起来，只送上了粗茶淡饭。

受到这样的侮辱，使者非常气愤，将此事详细汇报给项羽。项羽听完，心中的疑云也越来越重。范增根本不知道项羽已经开始怀疑自己，还忠心耿耿地为他出谋划策，数次劝说项羽赶紧夺取荥阳。可是项羽再也不信范增的建议，反而不断冷落他。范增发现之后感到非常气愤，他悲愤地说："看来天下的格局已经可以确定了，请大王好自为之，我请求告老还乡。"

听了范增的话，项羽不仅没有悔悟，反而很高兴地顺水推舟，答应了范增的要求。范增只好唉声叹气地离开了。在归乡的途中，他背上生出一个痛疽，未等回到故乡彭城就一病死去。直到此时，项羽才发现自己中了陈平的反间计，但是一切都已经晚了。

范增死去之后，项羽如同一只无头苍蝇，不知道自己该往哪个方向进攻，争霸的事业也开始走下坡路了。没用多久，刘邦就夺取了项羽的很多领地，最终逼得他四面楚歌，在乌江自刎。

对于自己的下属，一旦选择就不能怀疑。俗话说：疑心生暗鬼。项羽的本性之中便有猜忌的缺点，而陈平正是利用他的这个缺点，让项羽心中生出了"暗鬼"，对自己最得力的助手不再信任，这是项羽开始走向失败的第一步。巧施离间计之后，陈平除掉了范增和钟离昧，让楚汉之间的实力对比出现了翻天覆地的改变，也最终促成了刘邦一统天下的大业。

治军严整,刚直不阿

——周亚夫

周亚夫是我国西汉时期的著名军事家。生年史无记载,卒于公元前143年,是汉初大将周勃的儿子。周亚夫少年时代就喜欢读兵书,聪智无人可比。他为人谦虚,诚实憨厚,熟悉的人都称他为贤人。后来,汉文帝听说他,便召进宫中,封他为条侯。

公元前158年冬天,匈奴兵大举入侵边塞。文帝听说这个消息,急忙调动人马前往边塞。为了防止匈奴兵侵入腹地,惊扰京城,文帝便任命刘礼为将军,驻军队在灞上;后又分别任命徐厉、周亚夫为将军,各驻军在棘门和细柳(今咸阳西南渭河北岸)。不久,文帝亲自去驻地犒劳军队。来到灞上和棘门的军营时,都是长驱直入,将领们下马迎送。当军队到达细柳营时,却见军中将士都披着铠甲、拿着兵器、张弓开弩、戒备森严,犹如出山的猛虎一样。文帝的守驾官来到营门,却被士兵阻止在门外,不得进入。导驾官传令:"陛下就到了,赶快打开营门欢迎。"守卫营门的都尉却说:"周将军有令,军中只听将军的命令,不听天子的诏命。因此,没有周将军的命令,任何人不能进入。"过了一会儿,文帝车驾来到营门,却被士兵拦住了。于是,文帝就派使者持节进营通报陛下前来劳军。周亚夫于是下令打开营门,让文帝一行人进营。同时守营的都尉还向皇帝的随从人员宣布了军中的规定:军营内不准车马驱驰。文帝只好让车骑慢慢在营中行走。等到中军营见周将军披肩佩剑,从容自如,向文帝作了一个长揖,说道:"将士身着铠甲,不能跪拜,请皇帝允许我代表众将以军礼拜见。"文帝见此,深受感动,肃然起敬,便派人向周亚夫道谢说:"皇帝敬劳将军。"犒劳军队仪式结束后,文帝立即离开了军营,周亚夫未曾相送,等到文帝一行一离开军营,便马上关闭了营门,严整如初。文帝离开细柳营后,随行的群臣感到万分惊讶,很为周亚夫担心。出乎意料的是,文帝却推崇备至,赞不绝口地说:"这才是真正的将军啊!然而灞上和棘门的军营,如同儿戏一样,如果敌人袭来,恐怕主将也要被人擒去。至于亚夫,治军严整,敌人还怎敢轻而易举侵入呢?"文帝直到回至宫中,赞叹声仍不停止。周亚夫因治军细柳营而誉满朝野。过了一个多月,匈奴撤出塞外,文帝将三支队伍撤回,周亚夫因退敌有功,被任命为中尉,负责京城的防守。

公元前154年,爆发了以吴王刘濞为首的七国叛乱。刘濞率领20万大军,兵势甚锐。景帝听说此事,立即派周亚夫以中尉身份代行太尉职务,领兵东进,平定这场叛乱。临行前,周亚夫向景帝请示说:"楚兵剽悍轻捷,难于和他们正面交锋。我们可以暂时不顾梁国,然后断绝敌军粮道,这样才能克敌制胜。"景帝赞许,周亚夫立即起程。

周亚夫率军到达洛阳时,吴、楚联军正在全力攻打梁国,梁国处在迫在眉睫之时,请求援助。周亚夫坚持既定的作战方针,不去援梁国,却带兵向东北出发,在昌邑(今山东金乡)深沟高垒进行防御。梁王多次向周亚夫请求援助,但他却稳坐军帐,不肯发一卒一兵。梁王于是上书景帝,希望得到景帝的援救。景帝接到书笺,便派使诏令周亚夫救梁。可周亚夫却拒不执行。他一面坚守不战,一面派精兵抄吴、楚联军的背后,以此来截断其粮草。吴楚两王听说粮草已被劫,军中缺粮,感到难以持久,于是便引兵马寻周亚夫决一死战。吴、楚联军多次挑战,周亚夫只是坚守不出,同时还在营内制造自相矛盾的假象,利用敌人急于作战的心理,诱使敌人来劫营。果然,吴、楚联军因缺粮而焦急万分,见周亚夫军内有隔阂,决定乘夜劫其大营。于是他们一面派军进攻周亚夫军营的东南,一面派主力暗自偷袭大营的西北。周亚夫将计就计,派部将防御东南,亲自率领精兵在西北作战。结果把吴、楚联军打得大败，不得不后撤。周亚夫乘此机会，立即发起反击，吴、楚联军被打得溃不成军。楚王刘戊战败自杀，吴王刘濞仅仅率领数千人冲出包围，逃到丹徒，周亚夫挥师追去，俘虏了吴国全部的军队。吴王在一个月后被越人杀害了。总共用了三个月的时间，周亚夫就平定了七国叛乱。

因功高过人，周亚夫回京后即刻被册封为太尉，后又升为丞相。周亚夫因秉性刚直，敢于直言逆上，所以与景帝意见常有分歧。公元前147年，周亚夫被免去了丞相职务，后被景帝以其儿子私自买了皇帝的葬器为名，打入狱。周亚夫竟然傲然不食，不到五日便死去了。

周亚夫由于治军严整而在历史上享有盛名，他凭借聪智勇敢平定了七国叛乱而有大功于西汉。作为一个军事家，周亚夫为人忠直，治军严整，训练有素，善于用兵，一直为后世所赞誉。

以虚说虚，诱敌上当

——李 广

提起"空城计"，人们总是不由自主地想到诸葛亮的空城退敌，殊不知历史上第一次运用空城退敌的是汉代的飞将军李广。

汉代，北方匈奴势力崛起，一度威胁中原汉王朝的统治，从汉初至汉武帝时期，汉王朝与匈奴的对峙都处于劣势。汉景帝在位时，匈奴大举入侵上郡（今陕西北部及内蒙古部分地区），汉景帝曾派一个宠信的宦官同李广一起统率和训练军队抗击匈奴。一次，这个宦官带领几十个骑兵出猎，路遇三名匈奴骑士，于是便和他们开战。最终，这名宦官被匈奴人用箭射伤，带去的骑兵也无一生还。宦官逃回来对李广说了这件事。李广知道这三个匈奴人都是射雕能手，便决定亲自带兵去追赶这三个人。

李 广

李广等人追出几十里，便追上了匈奴人。李广命令部下左右散开，从两边包抄过去。李广善射，百发百中，他亲自弯弓，两箭射死了两个匈奴人，活捉了最后一个人。

李广带着俘虏正要返回的时候，只见远方尘土遮天蔽日，竟是几千匈奴骑兵飞奔而至。远处的匈奴人马也发现了李广等人。匈奴将领素知汉人善用计谋，以为是汉军的诱敌深入计策，唯恐中了埋伏，便上山列开阵势，静观其变。

当时，李广只有100人，如果逃走，一定会被几千匈奴人俘获掩杀。李广手下士卒无不惊慌失措，拨马就要逃跑。李广阻止了他们，说："别怕，既然匈奴人远远观望，不但不攻击，反而防御，说明他们并不知道我们的虚实。现在我们离开大军已经有好几十里路，如果慌张逃窜，他们一定会追赶，到时候他们放箭，我们就无处可逃。可如果我们留下来不走，敌人肯定会认为我们在施诱兵之计，必定不敢贸然来攻击我们，我们再伺机行事。"

接着，李广气定神闲，命令部下士卒非但不能后退，还要向前进发。直到离开匈奴阵地约二里远的地方才停了下来。

这时，李广命令士兵们下马，卸下马鞍。

士卒们听到这个命令大惊失色，一个骑兵认为："敌人兵力是我们的几十倍，又离我们这么近，一个冲锋便到我们面前。我们在这个时候卸下马鞍，实在太危险了。"

李广说："敌人原以为我们会退走，却料不到我们居然卸下马鞍，这样他们就更相信我们确是诱敌的骑兵了。"

部下听了李广的话，提心吊胆地卸下马鞍。李广便带领大家躺在地上休息。

果然，匈奴看到他们如此悠闲地休息，更加确信他们就是诱己的骑兵，都不敢轻举妄动、贸然攻击。

正在相持之时，一名匈奴将领出阵靠近他们，打探虚实。李广飞身上马,率领十几个骑兵,向那个匈奴将领冲去。李广再显神射之威,一箭射死那匈奴将领,返身回到队伍,重新卸下马鞍继续休息。夜幕降临,匈奴人还是不知道李广他们的目的,心中疑惑万分,最终也不敢发动攻击。到了半夜,匈奴人更加疑惑,害怕汉军发动突然袭击,数千骑兵竟然悄悄撤离了。第二天清晨,李广和他的部下安然地返回了军营。

《草庐经略·卷六·虚实》曰:"虚实在我,贵我能误敌,或虚而示之以实;或实而示之以虚。或虚而虚之,使敌转疑我为实。或实而实之,使敌转疑我为虚。""以虚说虚"这一谋略告诉人们,本质上我方是虚弱的,但利用假象可以让对方误认为我方是强大的,或者有充分准备的,使对方不敢轻举妄动或攻击我方。面对敌强我弱的情况,聪明的李广并没有采取硬拼方法,而是利用敌人的多疑之心,果断实施空城计,让敌人难以了解到己方的虚实,使得敌方上当。

先发制人,乱中取胜

——班 超

匈奴常常侵扰西汉边境,为了抵抗匈奴,汉武帝决定与西域各国联合起来,共同对付匈奴。

73年,大将军窦固奉旨出兵攻打匈奴。这时的班超虽然只是窦固手下的一名代理司马,但已经立下了赫赫战功。窦固赏识班超的才干,就派班超担任使者到西域去联合各国。

班 超

于是，班超带着 36 名随从人员，到了鄯善这个地方。鄯善是个西域小国，一直受匈奴的欺负，几十年来匈奴逼他们纳税进贡、敬奉财物，因此鄯善王非常痛恨匈奴。鄯善国太弱小，一直苦于自己无力抗击匈奴，看到强大的汉朝派来了使者，非常高兴，便殷勤地招待了班超一行。

可是，过了几天，班超发现鄯善王对他们没有原来热情了。班超感到不解，就对随从人员说："鄯善王对待我们比之前冷淡了很多，你们看得出来吗？我想一定是匈奴的使者也到了这儿了。"众人都说和班超的感觉一样。

这时，一位鄯善王的仆人给班超送来酒食，班超随口问道："匈奴的使者来几天了？住在什么地方？"

匈奴使者到来这件事，鄯善王原本叮嘱手下瞒着班超。但那个仆人被班超一诈，以为班超已经知道这件事，只好据实回答说："来了有三天了，他们住的地方离这儿有 30 里地。"

班超听后，就把那个仆人软禁起来，并召集随从人员说："你们随我远离故土，一起来到西域，不就是想立功报国吗？现在，匈奴使者来了，鄯善王对我们的态度变了。要是鄯善王把我们送给匈奴人，那我们可能全都死无葬身之地，更谈不上立功报国。大家想想看，我们现在应该怎么办？"

随从人员说道："现在情况危急，我们全都听你的！"

班超于是说："今晚，我们趁着黑夜就去攻打匈奴人。只要杀了匈奴的使者，事情就好办了。"有随从人员说："匈奴人数可能比我们多，各个骁勇善战，我们有把握杀掉匈奴的使者吗？"班超说："我们一边放火，一边进攻。匈奴不知道我们有多少人马，一定会慌乱。我们乱中取胜。"

大家说："这样就好，那我们就誓死一搏吧！"

到了半夜，班超率领 36 个随从前去偷袭匈奴的帐篷。匈奴毫无防备，一行人很顺利地靠近了匈奴的帐篷。

班超吩咐 10 个人拿着鼓守在匈奴的帐篷后面，让 20 个最能打仗的人埋伏在帐篷前面，自己和余下 6 个人放火烧帐篷。班超点燃了帐篷，正巧有风，帐篷很快烧起来，这时，10 个人一起擂鼓、呐喊，其余 20 个人也大喊着杀进帐篷。匈奴人从梦里惊醒，不知道发生了什么事，一个个吓得四处乱窜。很快，班超等人就杀了匈奴使者及其随从，大胜而回。

当班超一行人回到自己的住所时，天已经大亮了。于是，班超请鄯善王过来，告诉他自己斩杀匈奴使者的事。鄯善王见匈奴的使者已被班超杀了，也没有什么可惧怕的了，很快就表示愿意服从汉朝的命令，一起抗击匈奴。

面对强大的敌人和冷淡的鄯善王，班超一行随时都有丧命的危险，好在班超先发制人，突然出击，一举获胜，不仅威镇鄯善王，而且还为汉朝实现了联合各国抗击匈奴的愿望。所以，在自己处于不利的情况下，与其被动挨打，不如主动进攻，这样不仅变被动为主动，还能一举扭转局面。

嫖姚北伐时，深入强敌千里

——霍去病

霍去病是西汉著名的将领。年轻的时候就练习骑马射箭，武艺也很好，16 岁时就参军作战，18 岁时就被任命为嫖姚校尉，随大将军卫青一起出击匈奴。他率领八百精壮的骑兵远离主力数百里，正确运用中间突破、猛烈冲击的战术，杀死匈奴兵两千多人，还活捉了匈奴王单于的叔父，杀死单于的祖父辈的若候产和季父，由于功劳大，被皇帝封为冠军侯。

霍去病受封三年后，汉武帝任命他为骠骑将军，领 1 万多士兵从陇西去进攻匈奴。在进军河西的战斗中，行动神速，运动灵活，冲击猛烈，发挥了强大的威力。他率领士兵跋山涉水，转战了六天，接二连三地攻破敌军的守寨，渡过狐奴河，冲过焉支山，深入敌境 1000 多里。经过几次大战，在皋兰山下与匈奴西部主力军相遇，汉军浴血奋战，歼敌 8900 人，杀死了匈奴的折兰王和卢胡王，生擒了浑邪王的儿子和相国，还缴获了休屠王的祭天金人。武帝嘉奖他的战功，加封他食邑两千户。

几个月之后，为了进一步打击匈奴，武帝又命霍去病和公孙敖兵分两路，进攻匈奴。公孙敖因为走错了路，没有按约会的日子与霍去病的军队会合。霍去病便单独率军西进，大胆深入，渡过居延水，到达小月氏，一直向祁连山进攻，打败了匈奴各部。在这次战斗中，霍去病所向披靡，杀死敌军 3 万人，俘获单于、王子、王母及单于妻妾 59 人，还有相国、将军都尉等 63 人。这是一次重大的军事胜利，不仅消灭了匈奴的大量有生力量，而且也从根本上切断了匈奴和西羌的联系，打通了西汉通往西域的交通要道。霍去病因屡建大功,政治地位日益隆盛,几乎与大将军卫青齐名,但这时的他仅有 21 岁。

这一年的秋天,浑邪王和休屠王相约叛胡降汉。汉武帝听到这个消息后,害怕匈奴用假投降的办法欺骗汉军,乘机偷袭边境,便派霍去病领兵去接应。当霍去病到达河西之前,休屠王突然反悔,浑邪王在情急之下杀了休屠王,收编了他的部众。霍去病渡过黄河后,与浑邪王的人马遥遥相望。浑邪王的副将看到汉军后,许多人又不想投降了,纷纷逃跑。霍去病当机立断,立即飞身上马直入浑邪王的营阵中,与浑邪王谈判,并下令斩杀了想逃跑的 8000 人,稳住了局势,然后派人护送浑邪王单身乘驿车去长安见汉武帝,自己则率领浑邪王的部下人马渡过黄河,投降的匈奴有四万人,号称 10 万,缓缓回到长安。至此,西部地区平安,减少驻守士兵一半。霍去病在这次受降过程中,充分发挥了他的勇敢、果断的才能,为汉朝又添新功。

浑邪王归附汉朝后,匈奴势力的右翼力量基本解决,但匈奴单于的中坚部分仍有较大的力量,经常对汉朝发动强大的攻势。汉武帝决定动用大军彻底消灭匈奴。公元前 119 年春,点派精锐骑兵十万,步兵和使役数十万,深入漠北,对匈奴进行决定性的打击。这次决战由卫青和霍去病分别指挥,霍去病率精骑五万,从代郡出发,北上两千余里,穿过大沙漠,打击匈奴左方的军队。在这次远征中,霍去病在指挥上充分发挥了他的快速勇猛、机动灵活的战术特长,大败匈奴左贤王,打垮了他的主力部队,共斩虏敌军 7 万多人,匈奴左部势力几乎全被歼灭。最后,霍去病的大军与卫青的大军在瀚海胜利会师。为庆祝胜利,特在狼居胥山上建了一个高坛,祭祀天地,追悼烈士,犒劳将士,然后凯旋回长安。因为这次霍去病的战功显赫,汉武帝加封食邑 5800 户,与卫青同掌大司马之职,担负全国的军事重任。

公元前 117 年,霍去病不幸病故,年仅 24 岁。他的死是汉朝重大的损失,汉武帝很悲伤,调动国家所属的军队,官兵都穿着铁制的铠甲,编成"玄甲军",排成长长的队伍,把他的灵柩从长安护送到茂陵,还为他建了一座形状像祁连山的坟墓,以此来纪念他的卓越功勋。

霍去病是我国历史上有名的军事指挥家,也是最年轻的军事家。他坚强果敢,有毅力,有气魄,敢作敢为,富有搏击精神,军事上具有高超的指挥才能,注重谋略。他充分发挥了骑兵的特点,快速勇猛,长于突然奔袭,善于捉住战争的有利时机,用兵灵活,不被古代兵法束缚,作战勇猛果断。因此,他每战都以胜利告终,为汉朝扫除边境的祸患、扩大疆域、维护国家的统一,建立了不朽的功勋,成为人们敬仰的英雄。

增灶断追，弱弓诱敌
——虞 诩

虞诩是我国东汉时期的著名将领，以其"增灶胜羌军"而在历史上享有盛名。

110年，西羌屡犯边陲，进扰汉中。大将军邓骘欲放弃凉州，专成北边，为此召开公卿会议。大家众说不一，邓骘说："譬如敝衣已破，并二为一，尚可完补，若非如此，将两无所保。"众人听了也觉有理，便同意放弃凉州。虞诩听说后立即向太尉李修相告，陈说放弃凉州的三不可以。李修听后大为感悟，对虞诩说："若非汝言，几误国家大事。但欲保凉州，有什么办法吗？"虞诩回答说："今凉州扰动，人心不安，应防有他变。如诚使朝中公卿，收罗该州豪杰数人，作为掾属，又引牧守子弟，授为散官，外示激扬，令其感激，内实拘致，防其为非，凉州有何难保呢？"李修点头称是，当即入朝再议，公卿大臣也都觉得这是上策，于是就取消了前议。

114年，西羌再犯武都、汉中。邓太后知道虞诩有将帅的谋略，深为器重，乃升其为武都太守。虞诩受命后，立即率领吏属和少数军兵赴任。羌人听说汉朝派虞诩来武都，便派数千人在陈仓（今宝鸡东）境内的崤谷（即大散关）截击虞诩。虞诩见前有敌军，自己兵势单薄，便立即停止前进，并派人四处散布说，他已向朝廷请求援兵，等救兵到再走。羌人听后信以为真，便放肆地分兵抢掠旁县。虞诩见羌兵分散，便立即命令部队前进，乘虚而过，星夜急行军，日行百里。同时他还命令军士在宿营时各做灶两个，每天增加一倍。羌人见此以为救兵已到，虽然尾追不放，但一直不敢逼近。数日虞诩顺利到达武都。属下不明白虞诩在路上的做法，这时便问虞诩："古时孙膑行军逐日减灶，今公乃逐日加灶；且兵法上说，日行不过三十里，以防意外，今公每日行至两百里，究系何因？"虞诩微笑着回答说:"敌众我寡,徐行必被迫及,速行方不为害;我令你等增灶,无非示敌不测,以为武都派兵接应,众多行速不敢来追。从前孙膑减灶,故意示弱,我今增灶,故意示强,虚实互异,这是形势不同的缘故啊!"属下深为折服。

虞诩到达武都后,立即查阅郡兵,发现不足三千,而羌兵却有万余,众寡悬殊,且羌兵围城已十余日。面对这种情况,虞诩认为硬拼是不行的,必须智取。他命令部队,不准发射强弓,只发射小弓。小弓射得不远,羌兵以为城内没有强弓,便猛扑城壕,极力猛攻。虞诩一见敌人都拥挤城下,便命令强弩手急发强弓,箭如雨下,百发百中,羌人躲避不及,死伤甚众,慌忙退去。虞诩乘势率兵出城反击,羌人大败,退至数里外扎营,虞诩也收兵回城。

第二天,虞诩又下令全军从东门出,从北门进,来回运动,每次都更换不同的服装,羌人远远望来,不知汉军到底有多少,更加惊慌害怕。虞诩料到他这召使羌人恐惧后必然要撤走,于是便秘密派遣五百精兵埋伏在羌人撤退的必经之路上。这天夜里,羌兵果然撤走,汉军伏兵乘夜杀出,大破羌兵。自此以后,羌人再不敢侵犯武都。

武都解围之后,虞诩出巡四境,审视地势,深筑营垒180所,招还流亡人员,赈济贫民,疏凿水道,开垦荒田。他初到武都时,有民13000户,谷每斗千钱,盐每斗八千。任职三年后,米每斗八十,盐每斗四百,民增至四万户,家给人足,一郡平安。

虞诩虽系一介书生,但为人深沉耿直,素有大略,精通兵法而不墨守成规,从实际出发,灵活运用作战原则,巧妙地采用"兵无常势""兵不厌诈""示形以敌"的原则,创造了古代战争中的典型战例,丰富了古代战争的指挥艺术,成为我国军事史上的一代名将。

施以小惠，获得大利

——刘 备

东汉末年，爆发了一场农民起义，史称"黄巾起义"，给当时的朝廷带来很大威胁。朝廷派朱儁去围剿，将黄巾军逼到宛城。

当时，黄巾军在赵弘、韩忠的领导下据城固守。朝廷军队来到宛城，赵弘让韩忠出来应战，朱儁则派刘备、关羽、张飞三人攻打宛城的西南角，一时间战鼓如雷，杀气漫天。看到敌人往西南方向去，韩忠也连忙带着黄巾军的精锐部队赶往西南。刘备率军与韩忠鏖战，从早上一直打到中午，双方不分胜负，谁也不后退。

战争正在相持阶段，朱儁却悄悄地带着两千名骑兵，直奔宛城的东北角，与刘备共同对黄巾军形成前后夹击之势。韩忠见势不妙，急忙放弃西南城，率军往东北方向冲杀。刘备则在后面紧追不放，韩忠军大败，逃回城内。

看到敌军败退，朱儁没有放松，而是立刻派兵将宛城四面围住，断绝了城中的运粮通道，没过几天，城中就断粮了。"人是铁饭是钢"，没了吃的，黄巾军的士兵们逐渐坚持不住了，韩忠无可奈何，只好出城投降。

刘备看到敌人投降，很高兴，带着韩忠去见朱儁。没想到，朱儁却不接受韩忠的投降，坚持要两军作战，分出个你死我活。刘备很纳闷，问道："当年高祖刘邦之所以能得天下，有很大一部分原因是他经常接纳投降者和归顺者，逐渐壮大自己的声势。您为什么不用这个办法？"朱儁微微一笑，回答道："刘兄此言差矣，现在和高祖打天下那会儿已经不同了。当年秦朝没落，天下大乱，整个国家没有一个固定的君主，人民也都在观望。所以聪明的首领接纳投降者，还给予奖赏，这是为了吸引其他人也来投降。而现在，海内一统，都是汉室天下，只有黄巾军造反。如果接受他们的投降,不会为其他人树立什么榜样,只会让造反者们得到好处,要么恣意劫掠,快要失败就赶紧投降,这是助长他们的威风。"

刘备听了,觉得也有道理,于是点头称是。不过,黄巾军坚守城内,双方僵持下去,也不是办法。于是,他灵机一动,又想出一个办法,对朱儁建议说:"看来我们是不能让他们投降,不过现在我们把对方死死包围,他们乞降不得,肯定要拼死一搏。人要是不怕死了,力量是很可怕的,我们必须想办法。我有一个计策,我们不如撤掉东南方的兵力,做出只在西北方攻打的假象。对方看到了,肯定会朝着东南方逃走,到时候我们再去围堵,敌人就等着束手就擒吧。"朱儁听了,认为是妙计,连呼"高见"。于是马上按照刘备的建议,撤去东南方的军队,主攻西北。

果然不出刘备所料,韩忠带领军队朝着东南方突围。这时,朱儁亲自带领部队往东南方围堵,对方没有料到中了埋伏,一时大乱。韩忠被射死,失去首领的黄巾军如同一盘散沙,四散溃败。

刘备撤去一部分包围,让黄巾军误以为有利可图,有了一条生路,因此放松警惕,最终成为落网之鱼。

善用奇谋，调虎离山

——孙　策

东汉末年，军阀割据，群雄逐鹿，彼此之间的实力往往不相上下。要想吞并、蚕食敌人，除了壮大自己的力量外，还必须找准对方的弱点，伺机采用奇谋。

当时，长江、淮河相距不远的地区分别由会稽太守孙策和庐江太守刘勋占据。他们实力相当，对对方的地盘也都虎视眈眈，想要据为己有。不过，这两个人的性格却不大相同。孙策是孙坚的儿子，虽然年纪尚轻，只有十七八岁，但却雄心勃勃、志向高远，而且善于听从别人的意见，有勇有谋。与他相比，刘勋则志大才疏，而且贪恋财物，对事情的看法往往流于表面。

199 年，孙策计划将自己的领地北扩，他面对的第一个敌人就是刘勋。只有夺下刘勋的庐江郡，孙策的大军才能顺利向北推进。不过，孙策也知道，这是一块难啃的骨头。庐江南滨长江、北依淮河，军事位置极佳，易守难攻。而且刘勋的军队实力也很强，如果硬碰硬正面作战，孙策的胜算并不大。如果输了，吞并不了庐江不说，还有可能反被刘勋吃掉。应该怎么打这一仗？孙策召集手下将士，征询大家的意见。

这时，孙策的谋士周瑜出了一个好主意。他认为，与刘勋作战，必须避免正面接触，设法将对方的主力引开，攻其不备，出奇制胜。这也就是所谓"调虎离山"之计。听了周瑜的妙计，孙策连连称是，于是大家经过一番讨论，订下了具体的计划。

这一天，刘勋突然收到一份厚礼和一封信，信尾署名孙策。看到那么多金银珠宝，刘勋已经有点飘飘然了。更让他得意的是，孙策这个死对头竟然在信中对自己极尽吹嘘赞美之能事，说刘勋威武强大、声名远扬,孙策实在不敢与之对抗,巴结还来不及呢。在信中,孙策还可怜兮兮地请刘勋帮助自己攻打上缭这个地方,因为上缭经常来骚扰自己,自己又打不过对方。刘勋看了,心中大喜,觉得孙策已经不足为惧,况且自己对上缭也是垂涎已久,正好可以借这个机会前去攻打。如果攻下,既能显示自己的威风,又能让孙策更加心服口服。于是,他不假思索地就答应了孙策的请求。

虽然刘勋身边也有人提醒孙策可能居心叵测,但心高气傲的刘勋根本听不进去。他亲自率领上万兵马前去攻打上缭,把庐江城中的精锐部队都带走了,只留下了些老弱残兵。看到刘勋中了自己的计,孙策欣喜不已,立刻率兵杀向庐江。城中守军不堪一击,很快就投降了。孙策趁热打铁,又率军前去追击刘勋的部队。

当时,刘勋在上缭的战绩也不尽如人意,士气正低落。突然听报孙策已经攻克庐江,这才恍然大悟,知道自己中了调虎离山之计,不禁懊恼万分。刘勋的部队前进不得、后退不了,最后只得仓促之中投奔了曹操。而孙策借由此战,更加强化了自己在江东地区的实力。

刘勋的骄傲自大是他的最大弱点,这也就成为孙策"调虎"成功的关键。因此,知己知彼,巧妙设置诱饵,才能运筹帷幄,成功调动"老虎"沿着自己布下的陷阱前进。

以死相诱，击溃敌军

——周 瑜

赤壁之战，蜀吴联合大败曹军，打了一场漂亮仗。吴国大将周瑜也想趁热打铁，巩固战果，于是率军北上，准备夺取曹操占领的南郡。当时，南郡由曹操手下的曹仁守备。曹仁早闻周瑜大名，对于战胜吴军实在没有把握。不过他并不慌张，原来，他手中握有一个曹操留下的锦囊，里面写着如何守卫南郡。

不久，周瑜率领的军队就杀到了南郡城下。形势危急，曹仁急忙拆开锦囊，读完之后，心中就有了底。于是，他下令三路曹军在深夜里撤出城外，与此同时，在城墙上插满曹军的军旗。

周瑜一直在观察曹军的动静。他看到曹军悄悄撤出城，城墙上插满旗帜，但并没有士兵，便以为曹军已经弃城逃走，插旗只不过是虚张声势、吓唬吴军而已。于是，他下令吴军奋力发起冲锋，不听到退兵号不得后退，自己亲自率军，准备夺城。

战鼓敲响后，曹、吴两军分派大将交手。曹仁、周瑜等都亲自上阵挑战。交锋中，曹军连连败退，周瑜命令军队追击，一直追到南郡城下。只见曹军并没有进城，而是朝西北方向逃去。周瑜派一支部队前去追击，自己则留在南郡城下，打量了一番。只见城门大开，一个曹兵的影子也看不见。周瑜料定曹军已弃城，于是带领兵马大摇大摆地走了进去，准备占据此地。

突然，城墙两边箭如雨下，朝着东吴军队密集地射来。原来，城中并非无曹军，而是早就埋伏好，等着周瑜进来。东吴军队一时乱作一团，许多人掉进曹军挖好的陷阱里，周瑜自己也中了一箭，翻身落马。幸好有副将相救，才没被活捉。

周瑜在乱军之中被救回营地，想到中了曹军之计，心中便愤怒不已，茶不思、饭不想，一心想着如何报仇雪恨。

在周瑜养伤的这段时间，曹仁返回南郡，并在吴军不远处驻扎下兵马，每天派人来到周瑜营前叫骂挑战。听到敌人的挑衅，周瑜往往忍住不发。可是，有一天，曹军又来骂战，周瑜突然一反常态，不顾自己的伤还没有痊愈，穿上战袍、骑上战马，就要出去迎战。周围人赶紧劝阻，可周瑜就是不听，骑着马就冲了出去。

看到周瑜重新出现在战场上，不仅吴军的士兵目瞪口呆，曹军也突然不知所措，叫骂的士兵也一下子住了嘴。曹仁虽然也没想到周瑜会真的出来应战，但事已至此，他也不能后退，于是下令军队，准备与吴军大战一场。

突然，令人瞠目的一幕发生了。双方还没正式开战，周瑜突然哀叫一声，从马上跌落下来，而且口吐鲜血。曹仁趁机下令冲杀，两军混战，吴军将领赶紧护住周瑜，把他救回营帐。

吴将程普放心不下周瑜，问他身体究竟怎么样。周瑜这才悄悄告诉程普："其实我的病情早已没那么严重，刚才吐血坠马，是故意做给曹军看的，让他们对我军放松警惕。然后，你们可以放话说我已经死了，曹军听到，一定会来偷袭，到时候我们布下伏兵，将其一举消灭。"程普听了，不禁拍手称妙。于是，在军中传令，说周瑜箭伤复发，已经去世，令全军穿戴白色孝衣。

其实，曹仁那天看到周瑜吐血，心里已经觉得他活不了太久了。这时，突然有人来报，说有十几个吴军士兵前来投降。曹仁让他们进来，士兵们说，周瑜吐血坠马的当天，回到营寨就不行了，吴军现在正忙着办丧事，他们觉得吴军大势已去，所以来投降。

其实，这几个士兵是程普故意派去迷惑曹仁的。果然，曹仁听了大喜，立刻整顿军队，在夜里出城准备偷袭吴军。来到吴军营中，只见四周静悄悄的，一点儿动静也没有。曹仁走着走着，渐渐觉得不对劲了。当他刚刚醒悟过来可能是有埋伏时，四周突然杀声震天响，吴军兵分四路，向曹军杀来。曹军准备不及，很快就溃败了。曹仁带领十几名骑兵好不容易冲出包围圈，在南郡城附近又遭到吴军拦截，只得逃往襄阳。

周瑜诈死之所以能迷惑曹军，正是有之前中埋伏受伤来做铺垫，再加上曹军日日挑衅，让"旧伤复发"显得令人信服，也造成曹军麻痹大意。因此，要诱惑敌人，一定要把诱饵做得足以迷惑人，让对方觉得真实可信，这是十分关键的。如果诱饵破绽太多，让对方一眼就能识破，诱敌的目的也就不可能达到。

以退为进,先纵后取

——陆 逊

三国初期,刘备手下大将关羽镇守着荆州南部,他对北方的曹操采取了一系列的军事行动,几乎迫使曹操迁都。然而正当关羽春风得意之时,东吴大将吕蒙偷袭了荆州后方,俘获关羽。

荆州是刘备基业的起点,关羽是刘备最得力的干将之一。221年4月,刘备在成都称帝之后,以为关羽报仇为借口,决定大举攻吴,企图夺回荆州。刘备亲自率领几十万大军,出兵伐吴,掀起一场空前大战。当时,吴、蜀国界已向西移到巫山附近,长江三峡是吴蜀间的主要通道。刘备派大将吴班、冯习率领四万余人为前锋,夺取峡口,攻入吴境,直捣秭归。

东吴节节溃败,在危急存亡关头,吴王孙权力排众议,任命年轻的将领陆逊为大都督,统率5万人马,对抗蜀军。次年正月,蜀国将领吴班、陈式的水军占领彝陵(今湖北宜昌东南),屯兵长江两岸。2月,刘备率主力进至猇亭,建立了大本营。

陆逊对蜀军的主力、士气、地形等方面的情况进行分析之后,认为刘备居高守险、锐气正盛,应当避其锋芒,等待时机破敌,因此拒绝了手下将领请战。

在战略上,陆逊大胆地采取了撤退方略,一路顺江而下,最终占据了有利于己、不利于敌的夷道(今湖北宜都西,在长江南岸)。如此一来,吴军完全退出了高山地带,把兵力难以展开的五六百千米长的崇山峻岭让给了蜀军。陆逊坚守有利地形,转入防御,阻止蜀军前进。

蜀军依仗兵力优势,深入吴境五六百千米,从建平(今四川巫山)到彝陵设置了几十个军营。蜀军远离国境,孤军深入,只能迅速与吴军作战,否则消耗太大。刘备天天派人到阵前辱骂挑战,陆逊均置之不理。从正月到六月,任凭刘备如何挑衅,陆逊都坚守不出。

陆逊的坚守取得了显著成效,刘备的部队补给困难,士气低落。时值盛夏,南方暑气逼人,蜀军忍受着烈日的曝晒,将士各个叫苦连天,斗志迅速低落。刘备无可奈何,只得在陆上树林茂密的地方安营扎寨。

蛰伏了几个月的陆逊终于等到了反攻的时机。现在蜀军舍舟登岸,处处设营,兵力分散,部队疲劳,士气低落,正是出兵的绝佳时机。陆逊先派出小部分兵力进行试探性进攻,最后制定了火攻的方略。222 年 7 月的一天夜里,陆逊趁着夜色顺风放火,蜀军大乱。陆逊乘势发起反攻,迅速攻破蜀军四十余座营寨。蜀军土崩瓦解,死伤无数。刘备乘夜逃到白帝城,羞怒交加,一病不起。

在对方的力量十分强大的势态下,陆逊以守为攻,通过大胆的退却,占据有利于己、不利于敌的时机,最终取得了战争的胜利。有时候,对很多事情,主动退让,纵其所为,然后伺机而动,便可大获全胜。

转战千里，全师而归

——马 隆

马隆，字孝兴，东平平陆人，西晋时期戍边名将。

马隆出身低微，以其名节著闻乡里，被兖州刺史令狐愚纳为门客，令狐愚触犯朝廷被处死后，无人敢为其收尸，马隆自称令狐愚门客，隆重地收葬了他，并守孝三年，一时传为当地一大"侠事"。晋武帝泰始年中，为了征讨吴国，张榜招贤纳士，于是有人推荐马隆，又由兖州荐入朝廷，任为殿内司马督。

马 隆

周边少数民族的侵扰，是当时西晋的一大灾患。278年，凉州刺史杨欣与羌人失和而战，兵败而死，边地吃紧，朝廷上下忧惧慌乱。晋武帝召集文武，商议对策，无人应声，马隆挺身而出，请命出征。文武百官包括武帝在内，虽然对马隆之名早有所闻，但对这样一个出身于民间的下级将领,仍有怀疑。皇帝说:"如果你去平定羌人,那么请谈谈你的方略。"马隆说:"陛下如果能任用微臣,就要听我选任将士。"皇帝说:"此话怎讲?"马隆说:"我请求招募勇士三千人,不管他从哪儿来,他是干什么的,只要他愿随我西进平羌,我都接纳,有了这样一支队伍,还怕平定不了羌人吗?"皇帝说:"好,现在任命你为武太守、讨虏将军,负责平羌大事。"对于皇帝的任命,大臣们有些不服气,他们对皇帝说:"国家兵员已经够多了,州郡的士兵人数也不少,都可以调用,不用再另外招募新兵,马隆本是个小将,他的话怎能轻易相信呢?"皇帝没听他们的进言,决意委派马隆。

马隆受命后,立即设局募兵。要求能引弓四钧,挽弩九石。马隆亲自立标检试,共得 3500 人,然后到武库中挑选兵器。武库令只给马隆魏时的旧械,并与马隆发生争执,马隆入告皇帝。皇帝传谕武库令,任由马隆挑选,并且还给了马隆 3 年的军用物资。马隆把挑选好的精良武器发给士兵,然后率领这支精锐之师,渡过温水(甘肃武威之东),踏上艰险的西征之路。

羌部首领秃发树机能等听说马隆领兵西来,便聚众数万,或依托险要之地阻挡马隆前进,或布伏兵截断马隆的后路,企图利用有利的地形和优势的兵力,把马隆消灭在武威境内。从兵力上和地形上看,羌兵都占有优势,而马隆只有 3500 人,且又孤军远进,这无疑为平羌增添了难度。马隆深知这种情况,他考虑到自己远道而来,情况陌生,周边又地势险要,埋伏丛生,自己在明处,敌人在暗处,所以一定要想出一些特殊的办法,才能克敌制胜,变被动为主动。他派人连夜制作扁厢车,士兵以车为掩蔽前进。如果遇到旷野,则连车为营,四面排设鹿角;如果遇到山谷小路,就在车上搭盖木屋,挡避弓弩。这样一来,羌军虽然处处设有埋伏,但是对马隆的军队如对一只刺猬,无从下手。在作战中,马隆又发现,羌军穿的都是沉重的铁甲,而自己的士兵则身着轻便的犀牛甲,于是他又生出一个妙计,在路旁布下磁石,干扰敌兵的行动。敌人的士兵感到一种无形力量的牵制,却见马隆的军士安然无恙,不知其中的秘密,都以为他们是神兵天降,顿时恐慌畏惧。就这样,马隆靠着自己的机变和奇谋,且战且进,虽是孤军深入,却屡屡挫败敌兵,转战几千里,如入无人之境。马隆胜利的消息,辗转拖延,终于送到了都城,忧心忡忡的晋武帝抚掌欢笑,立刻下诏嘉奖。这就更加鼓舞了马隆的气势,他乘胜收复失地,羌族、鲜卑的将领纷纷归顺,收编了数万人马。马隆又与羌军首领秃发树机能展开决战,将他斩首示众,凉州遂得平定。

马隆转战千里,全师而归,此后,他又屡立战功,声震边关。280年,马隆被任命为西平太守,到西平救灾、平夷。马隆在西平屯田练兵,准备讨伐常常来骚扰边境的羌人成奚部落。羌人凭借险要地势顽强据守,马隆见强攻不下,遂又计取。他命士兵扮成农夫模样,拿着农具,佯装耕田,敌人放松了警惕,马隆乘其不备,发起进攻,很快取胜。成奚大败而逃,再不敢进犯。

马隆始终出任边关,戍守边地,中间虽曾遭人诋毁暂时离开,但不久即回转,直至年事已高,老死任上。他之所以能声名远播,威镇周边,正是因为他不墨守成规,在战术尤其是兵器上做了大胆的创新和改革,成为我国军事史上堪称典范的名将。

洞悉心理，削弱敌志

——刘　琨

西晋末年，北方匈奴贵族占据了整个中国北方，让西晋王朝不得不陷入随时崩溃的局面之中。当时一些有志于北定中原的将领们，依然坚持向北方宣战，希望维护自己的国家主权。这其中表现最为突出的就是刘琨，生于官宦世家的他，不仅文采出众、相貌俊朗，而且还是与陆机、陆云齐名的"二十四友"。

永嘉二年（308年），因为感受到了刘琨等人的决心，晋怀帝派遣刘琨北上收复河山，同时还任命他担任并州刺史、振威将军以及匈奴中郎将等职务。

当时并州是一个非常混乱的区域，其中包括了西河国、太远国、乐平国、雁门郡、新兴郡、上党郡。因为西晋朝廷势力的丧失，这里大部分地区的控制权旁落了。在北部，鲜卑拓跋部占据着雁门郡、新兴郡；在西部，匈奴贵族盘踞在西河国。上一任并州刺史是司马腾，他放弃了晋阳，早已逃亡到冀州去了，所以并州的局势好像一盘散沙，眼看着就要四分五裂。

面对这样的局面，刘琨并没有任何迟疑，他招募了千余名壮士，率领他们向晋阳出发了。在多年战乱的洗礼之下，前往晋阳的道路早就已经被摧毁了，而且沿途盗贼横行，道路坎坷。刘琨带着自己的部属一路勇往直前，不断和盗贼、敌军战斗，终于来到了晋阳。

战火带来的摧毁力量是无法估量的，晋阳已经变得满目疮痍，全城的人加起来也不超过两万户，而且大多数的房屋都已经倒塌毁坏，走在大街上，随处都可以看到尸体。眼看着这一片焦土，刘琨心中不免生出一丝悲凉来，他制订了计划，首先帮助城中的百姓将亲人的尸骨掩埋，修复房屋，让大家不至于流离失所。然后，刘琨又组织大家将城池再次加固。在他的协调之下，晋阳的城防体系也逐渐恢复了，那些原本逃难的流民也开始纷纷回到自己的家乡，投奔刘琨的人也越来越多。

当时，匈奴贵族刘渊已经建立了新的王朝，取国号为汉，并自立为汉王。这位汉王的老巢距离晋阳只有 300 多里，匈奴的铁骑如果想要攻打晋阳，只需要一天就可以来到城下。这个处境非常危难，但刘琨却毫不畏惧，当刘渊的大儿子刘聪和大将军石勒率兵前来攻打晋阳的时候，他带着全城的百姓出来应战。

有一次，匈奴又发动了几十万人的军队将小小的晋阳城围得水泄不通。刘琨查看了自己手下的将士和供给，发现士兵不足，粮草也非常匮乏。城中的百姓也看到了这一局面，都认为这一次是真的守不住晋阳了。可是刘琨却泰然自若地站在城头，观察着匈奴人的大营。他发现匈奴大军虽然浩浩荡荡，但是士气并不高昂，推测这些士兵不过是临时征召而来的，不仅战斗力不强，反而有着强烈的思乡情绪。

当天晚上，寒风吹拂着晋阳城，而刘琨穿着一袭白衣来到了城楼之上。他站立风中，远望着月色下的匈奴大营。过了半晌，刘琨忽然发出一声长啸，仿佛胸中有无限的惆怅和悲伤。这一声传到了匈奴的大营之后，并没有引发骑兵的攻击，反而让众人也都感到了无限的悲凉之意，那些原本就士气不高的士兵也都开始叹息。

到了半夜时分，刘琨又一次走上城楼，这一次他手中多了一个胡笳。在寒风之中，刘琨吹奏起了这种匈奴人特有的乐器，用他们最熟知的音乐来向匈奴大军致意。这是一首哀婉且感人的匈奴思乡曲，那些厌战的士兵听到了家乡的曲子,一个个抱头痛哭,思乡情绪更加浓烈。

等到天快亮的时候,士兵们都还没有睡去。而刘琨又一次登上城楼,再一次吹奏着哀婉的曲调。这一次,匈奴士兵的心理防线彻底崩溃了,他们不顾头领的呵斥,一个个扔掉了手中的武器,脱掉身上的盔甲,只想回到自己的家乡和亲人团聚。看到那些自行撤退的士兵,刘琨知道晋阳的危机已经解除了。

刘琨之所以能运用这种难以想象的战术,是因为他掌握了敌人的心理,巧妙地发动了心理战,并通过多种手段来刺激和影响敌人,让他们随着音乐陷入到哀伤情绪之中,从而激起了这些人心中原本就有的思乡、厌战情绪,彻底瓦解了敌人。通过引导对方的心理态势发展,促成对自己有利的局面,从而削弱敌人的斗志,增加自己的信心,以达到自己的战略目的,实在是妙之又妙!

巧用离间,撤换大将

——杜 预

杜预,字元凯,京兆杜陵人,是西晋时期著名的政治家、军事家和学者,他生于 222 年,卒于 285 年。

作为一个博学多才的学者,杜预时常说:"立德,我恐怕做不到,立功和立言应该差不多吧!"杜预在仕途发展过程中,获得了朝野上下的一致好评,大家都叫他"杜武库",也就是称赞他无所不能的意思。

晋武帝司马炎一直想要灭掉吴国,但是朝中的大臣却纷纷反对这个计划,只有杜预、羊祜、张华等人赞成。羊祜生病之后便举荐杜预来接替自己的位置,后来朝廷便任命杜预为镇南大将军,治理荆州军事。

杜预到任之后,首先修缮了兵器库中的铠甲,让士兵各个都显得异常威武,军队的士气大幅提升。之后,杜预又挑选出了精锐的士兵,暗中偷袭吴国西陵都督张政,并且取得了大胜。

张政是吴国的名将,他据守在咽喉要地,在毫无防备的情况下被杜预偷袭,让张政感到非常羞耻,于是他没有向吴主孙皓汇报实际的情况,这又给杜预提供了机会。杜预原本就打算离间吴国的君臣关系,尤其是让君王和驻守边疆的大将之间产生嫌隙,必然会带来巨大影响。果然,在孙皓听说张政居然隐瞒失败的消息之后,立刻就召回了他,让刘宪代替张政的位置。

由于杜预的巧妙离间,让吴国的将帅之间出现一次大更换,这对于杜预来说是一次不小的成功。因为刘宪接手军队之后,由于不熟悉当地的情况,所以使军队的战斗力锐减。杜预认为这又是一个进攻的好机会,于是便立刻请示晋武帝司马炎,建议他赶紧确立一个攻打吴国的日期。

司马炎在接到杜预的奏章之后,认为第二年才是进攻的好机会。杜预急忙又上了一张奏折说:"现在讨伐东吴,就有八九成的把握。那些认为时机不到的人,只是不愿意出谋划策而已。如果丧失了这一次机会,吴主孙皓也许会有别的计策,如果他们迁都武昌或者修缮了江南的城防,到时候就很难再次展开讨伐计划了。"

晋武帝在接到这张奏折的时候,正在和张华下棋,张华便对他说:"现在我们国富民强,正是讨伐吴国的好机会,相信可以获得胜利。"司马炎思虑了一番,便同意了杜预的征伐计划。

杜预首先将军队布置在江陵,让周旨、伍巢等人率军突袭乐乡,然后又四面悬挂旗帜,放出烟火来扰乱东吴的军心。东吴都督孙歆非常惶恐,向伍延写信求救。而周旨、伍巢在乐乡城外的埋伏,也让孙歆在大败而归的时候更加狼狈不堪,直呼:"晋军是飞过长江而来的!"

在孙歆逃跑的过程中,周旨、伍巢暗中跟随,一直到军帐下才将他擒获。杜预回到大营之时意气风发,士兵们都传唱着"以计代战,以一当万"的歌谣。

紧接着,晋军又紧逼江陵,东吴大将伍延向晋军诈降,暗中布阵防御。杜预发现了他的诡计,便顺势而为,平定了沅水、湘水以南地区,连交州、广州一带也一并收复。晋军势如破竹,长驱直入,吴国州郡都望风归降,奉上印绶。杜预手持符节,对归降的人们一一安抚。

在节节胜利的同时,晋国的将领们觉得应该暂缓进程,声称雨季即将到来,疾病也会大范围流行,所以最好等到冬天的时候再作打算。可是杜预却坚持说:"如今我们兵威已振,剩下的问题都会迎刃而解,正是打胜仗的好时机。"

在杜预的指挥下,晋军迅速占据了秭陵,所过的城邑都被收服,证明他的决策完全正确。凯旋之日,晋武帝对杜预大加赞赏,晋爵当阳侯。

上下同心对于战争的胜利非常重要,杜预对此有深刻的认识,所以他首先获得了晋武帝的支持,让自己的计划可以毫无阻拦地展开。之后,他又不断破坏东吴君臣之间的关系,让他们出现嫌隙,将张政失败的消息传给了吴主孙皓,使其对张政不再信任,从而导致军队将帅的更替。敌人的不和正是我们的机遇,杜预的成功不仅是计谋,更在于他掌握了恰当的时机。

用间麻痹，趁机破敌

——石　勒

晋末年，晋朝皇室之间爆发了争权夺利的"八王之乱"，少数民族矛
盾也因为西晋统治者的错误政策而尖锐起来，天下大乱。羯族人石
勒趁势而起，在征战中不断发展壮大，他优待汉族地主和汉族知识分子，
开始为建立"后赵"政权积蓄力量。

石勒将攻击目标瞄准了西晋幽州刺史王浚。王浚在与石勒交战失
败后，曾求助于鲜卑、乌桓人的支持，但鲜卑、乌桓人没有响应。这时，石
勒军师张宾分析了王浚兵势衰弱的境况，指出如果石勒采取"欲擒故纵"
之计，表示归顺王浚，那他一定会喜出望外。因此，张宾建议石勒智取王
浚，而不要硬拼。张宾要石勒给王浚写一封措辞谦恭的信，表示与他和
好的诚意，并愿意隶属他，扶助他当皇帝。等到王浚对石勒疏于防备时，
再乘其麻痹一举消灭他的势力。石勒同意了他的建议，并且马上开始依
计行事。

石勒派他的门客王子春、董肇等人带书信和许多珍宝去见王浚。王
浚见石勒归顺于他十分高兴，把王子春等人封为列侯，并派使者以地方
特产答谢石勒。王浚的司马阴谋叛变王浚，派使者骑马向石勒请降，石
勒杀了使者，并送给王浚，以此表示自己的诚实无欺。王浚此时更加信
任石勒，对他不再存有什么疑心。

不久，王子春等人与王浚的使者一同回来，石勒下令隐藏起强壮的
精兵和武器，显示出仓库空虚而军队软弱的样子，面向北拜见王浚的使
者，接受王浚的书信。王浚送给石勒拂尘，石勒装作不敢拿，把它挂在墙
上，每天早晚都要敬拜这拂尘。石勒还派董肇向王浚上书，约定日期亲
自到幽州去奉拜皇帝的尊号。王浚的使者回到幽州，就其所见陈述了石

勒将寡兵弱和对王浚诚心不贰的情况。王浚大喜,认为石勒确是可信任之人。

石勒见王浚已相信了自己,便开始准备袭击王浚。314年,石勒发兵袭击幽州。石勒率领轻骑兵日夜兼程向幽州进发。石勒军到达易水时,王浚的督护孙纬立即派人给王浚送消息,请示准备抵抗。王浚对他们说:"石公到这儿来,正是要拥戴我当皇帝的,谁再说抗击的话,立刻杀头!"于是,王浚设宴等待石勒的到来。石勒在早晨赶到蓟县,呵斥守城的人开门。石勒因怀疑城内有埋伏,就先驱赶几千头牛羊,声称是献给王浚的礼品,实际上是堵塞街巷,使王浚的军队不能出战。王浚这时才意识到大事不好,开始坐卧不安了。石勒派手下抓住了王浚,将他送回襄国(石勒的都城,在今河北省邢台市西南)杀死。石勒占据了幽州,吞并了王浚的军队,为不久以后自立赵王奠定了基础。

石勒吞并王浚的过程,实际上也就是欲擒故纵、连续用间的过程。石勒的门客王子春作为奸细,被石勒派往王浚营中,一方面投书结好王浚,一方面侦察王浚在幽州的政治、军事情况;石勒还以重金笼络,收买了王浚的心腹枣高。由于石勒较成功地连续用间,使得王浚完全陷入了错误的认识与判断之中。石勒则因用间而比较全面地掌握了敌军的情况,把握了战机,为他最后的出奇制胜奠定了基础。

瞒天过海，出其不意

——薛仁贵

唐朝名将薛仁贵是山西河津人，由于他喜欢穿白袍，故有"白袍将军"之称。薛仁贵为了保卫大唐社稷，戎马一生，出生入死，立下了赫赫功勋。

643年，唐太宗李世民率领30万大军御驾亲征东土，大军来到大海边上，唐太宗见眼前碧海茫茫，就对臣子张士贵说："寡人一向晕船，不知道该如何渡过这茫茫大海。"

张士贵一下子让唐太宗给问住了，不知道怎么回答才好。

薛仁贵

张士贵回去后，就对刘君昂谈到这件事："皇上晕船，问我怎么过海，我也没有办法，你能不能给我出个主意？"刘君昂说："这你可问错人了，你去问问薛仁贵，他一定有好办法。"于是，张士贵就去请教薛仁贵。薛仁贵对张士贵说："我的确有一计，可以让皇上如登平地，安稳过海。"于是,薛仁贵在张士贵耳边说了一番,张士贵大喜过望。

这天晚上,当地的一个富豪请求见驾,说自己备好了三十万斤粮草,准备捐给唐太宗。唐太宗听到有这样的好商人很高兴,于是便率领众将领跟随这位富豪来到他海边的家验收粮食。

来到富豪的家,只见房子的四壁挂着锦绣帷幕,屋内乐声高扬,桌上早已摆满了佳肴美酒,还有美女表演歌舞。唐太宗与富豪把酒言欢,喝得很开心,把过海之事忘得一干二净。不知过了多长时间,四壁的帷幕被风吹得哗哗作响,桌子上的杯盏倾斜摇曳。唐太宗不由心生疑惑,忙命人拉开帷幕,只见帷幕之外乃是一望无际的大海。张士贵忙对太宗解释说:"陛下晕船,我们才出此下策,现在,陛下及 30 万大军正乘船渡海,已经快到高丽。"

"瞒天过海"指采用伪装手段制造假象,避开麻烦,渡过难关,从而达到出奇制胜的目的。其实,不懂得掩饰自己的真实目的,常常会感到寸步难行。在适当的时候,掩饰一下自己,往往会容易达到自己的目的。

资兼文武,出将入相

——李　靖

李靖是陕西三原人,是唐代著名的将领和军事家。他年轻时就喜欢读"孙吴兵法",很得舅父——隋朝名将韩擒虎的赏识。每次和李靖讨论军事后,舅父都不无感慨地说:"现在能够和我一起谈论孙子和吴子兵法的人,除了李靖,再没有第二人啦!"

唐朝建立后,李靖在建国大业中建立了不朽的功勋,并因此拥有较高的地位,史称他"资兼文武,出将入相"。

621年,萧铣在江陵称帝,附近州县大多投降,兵力有40万,并企图进军巴蜀。唐高祖命赵郡王李孝恭为夔州总管,李靖为行军总管,进军讨伐萧铣。此时已是多雨的秋天,江水暴涨泛滥。萧铣认为李靖不能在大水之际进攻,所以未加设防。而唐军各将也认为不宜进军,等江水平静后再进行攻击。李靖则力劝李孝恭进兵江陵,指出:"用兵贵在神速,现在我们军队刚到,萧铣没有防备,如果现在乘江水暴涨时,顺流东下,出其不意,攻其不备,以迅雷不及掩耳之势打击萧铣,就可一举取胜。"李孝恭听从了李靖的意见,即刻东下,越过荆门宜都,直抵夷陵(今宜昌市)。萧铣部将文士弘在清江拥兵数万,但是由于没有防备,被李靖大军杀得大败,战船400多艘被夺,淹死兵士1万多人。而后,李靖又立即率领轻装士兵五千人为先锋,直趋江陵,逼近城墙安营扎寨,大败敌军将领杨君茂、郑文秀。萧铣听说唐军突然来了,只好调宿卫的精锐军兵,前来抵挡。诸将都主张趁萧铣大军来到之时交战,李靖则极力反驳了众人的意见,说:"不可以。萧铣现在把全部精锐都用来抵抗,这是用来挽救失败者的军队,锐不可当。我们应当驻扎南岸,等他的锐气衰竭后再攻击他。"李孝恭不听,留李靖守御营寨,自率士兵杀出,萧铣也命其精锐还击,结果李孝恭被萧铣打败,此时他才后悔未听李靖之言。

萧铣军取得胜利后,驶入江心,乱抢物资,军心散乱。李靖见此情景立即请求出兵。敌军已肆意抢夺,不料唐军反向杀来,顿时乱作一团,李靖纵兵追杀,反败为胜,一直追到江陵,并乘势攻击了外城。李靖把缴获的敌船弃掷江中任其漂流,很多将领不理解李靖是何用意,问他:"所得敌船,正好加以利用,为什么要抛弃不要了呢?"李靖笑着说:"诸位难道不知,萧铣属地广大,我军深入其腹地,主城未破,如果援军四集,我们就要里外受敌,那就难办啦。现在我把敌船抛弃江中,来援的军队以为江陵已破,便不敢前来,这样拖上几天,我们就可以有充裕时间攻城了。"于是下令围城。萧铣见援军迟迟未到,内外阻绝,只好下令投降,江陵不战而下。四处迟来的十几万援军,此时也只好归顺,各州县闻风而降,南方就此平定。这次平定南方之战,充分显示出李靖的军事天才和指挥能力,因此被授为岭南抚慰大使、检校桂州总管。

625年,突厥进犯太原,唐高祖诏令李靖为行军总管,率江淮兵万余拒敌。李靖亲率精兵三千骑,日夜兼程进击,突厥可汗颉利大惊,认为唐军如不发倾国之兵,李靖断不敢孤军至此,因而十分害怕。李靖还派间谍离间可汗与其心腹的关系,然后夜袭定襄,可汗只身逃回,遣使者向唐廷谢罪,请举国归附。唐太宗命李靖为定襄道总管前迎,又派唐俭去安抚。李靖对副将张公谨说:"朝廷颁诏的使者到达突厥,他们认为安定无事了,如果乘此机会挑选1万骑兵,带20天口粮,从定襄的白道进击,则可一举平定。"张公谨说:"皇帝已同意他们投降,为什么还要去击杀他们呢?"李靖说:"机不可失,这是韩信破齐的策略。"于是督军急速前进,在距离可汗军帐7里时被发现,突厥部众都震惊溃逃,斩杀1万多人,俘众10万,可汗颉利被擒。自阴山北至大沙漠的大片土地,都属于唐朝了。李世民为此大赦天下,晋封李靖为代国公,称赞说:"汉朝李陵率五千步兵穿越沙漠,但最终投降了匈奴,他的功劳尚写在史书上,李靖率三千骑兵喋血虏廷,真是古之未有啊!"

634 年,吐谷浑入侵边地。这时李靖已 64 岁了,他向皇帝请求退隐。唐太宗诏许他闲职在家。由于吐谷浑的侵入,唐太宗想起用李靖,就对侍臣说:"李靖还能复起为帅吗?"李靖知道了皇帝的想法,就对宰相房玄龄说:"我虽然老了,但尚可为国家效一次力。"唐太宗大喜,当即任命他为西海道行军总管,统率五路人马,进击吐谷浑。时逢冬季,春草未生,吐谷浑火烧了全部野草,退到大非川,诸将都认为战马瘦弱不可出战。李靖认为这正是时机,决策深入敌区,越过积石山,直驱 2000 余里,大战几十次,杀伤敌众无数,可汗伏允自杀,余众投降,举国都平定了。李靖得胜回朝,唐太宗封他为卫国公。649 年,李靖病故。

李靖在唐高祖和唐太宗两朝任大将军三十余年,在几次最重大的扫平内忧外患的战争中,他都是最主要的或最高的决策者,为建立强大统一的唐帝国,立下汗马功劳。李靖用兵"临机果,料敌明",神出鬼没,勇谋兼具,既能运筹帷幄,又能临场制敌,谙熟兵法,又不拘于兵法,是我国古代的一个大军事家。

临敌应变，出奇无穷

——张 巡

张巡是我国唐代中期著名将领。在敌强我弱、众寡悬殊的情况下，取得了以弱胜强、以少胜多的奇异战绩。文天祥在《正气歌》中称颂的12位古代英雄，张巡乃是其中之一。

张巡是邓州南阳人，因博通群书，深谙攻战阵法而闻名遐迩。张巡初任真源县令，时值安史之乱暴乱叛军首领张通晤率军攻入河南，连陷许多州县。张巡誓不降敌，起兵讨贼，吏民踊跃参加，得壮士千余人，西至雍丘(今河南杞县)，与拥兵两千的贾贲会合，共同抵御安史叛军。

756年2月，已降安禄山的雍丘令令狐潮带领大军猛攻雍丘，贾贲战死，张巡力战退敌，并兼领贾贲之军。3月，令狐潮又引军四万来夺雍丘，城中军民难免惊惧。张巡告谕诸将说："叛军知道城内空虚，必轻视我们。我今出其不意，攻其不备，敌必惊慌溃败，我再乘胜追击，使敌受挫，然后城必可守。"众将听了甚为鼓舞。张巡乃分兵千人登城守卫，另将其余部分分作数队，亲自率领，开城门突然杀出，直逼令狐潮军，叛军虽众，但出兵突然，果然大败。到第二天，叛军惊魂略定，依恃人众，复来攻城，设置百炮环城，将城上的楼全部轰毁。张巡早有准备，立树栅于城上，上浇油脂，待敌人向城墙攀登之时，点燃树栅，敌兵惧火不敢登城，张巡则伺机放箭，射杀敌众。相持月余，经战数百次，城中箭簇消耗殆尽。有箭则能守城，无箭旦夕难守，而敌人又将城围得水泄不通，何处求箭？在这危急万分的时候，张巡想出一条妙计——"草人借箭"。命令士兵扎草人千余，穿上黑衣，夜间用绳子缒于城下，令狐潮发现，以为是有人突围，便命令放箭,很久才发现上当。而张巡不费吹灰之力得箭数十万支。张巡看到令狐潮对他夜夜缒下草人不再提防的时候,选敢死战士五百,代替草人,夜遁出城。叛军以为又是赚箭之计,也不再防备,等到这五百人杀到令狐潮大营时,令狐潮方才惊醒,一时大乱,完全没有抵挡唐军的能力。张巡率众追杀十余里,大胜而归。令狐潮又增加兵力,重新围城。在张巡坚决而机智的抗击下,令狐潮以数万大军围攻仅千余人的雍丘几个月而不能克,只好引军退至陈留。唐政府因张巡克敌有功,升其为河南节度副使。

757年,安禄山被刺死,其子安庆绪即位,任命大将尹子奇为河南节度使,率众13万进攻睢阳,企图夺取江淮财富地区。睢阳太守许远探知,急忙向张巡告急,张巡率军往援,与许远共守睢阳。张巡励士固守,昼夜苦战,有时一日二十战,连战十六日,锐气不衰,擒敌将60余人,斩杀两万余人,尹子奇被迫远遁。

尹子奇听说张巡欲出兵陈留,便又调兵遣将再次包围睢阳。张巡知道,众寡悬殊之下,死守孤城,难以持久,必须主动出击,以攻为守,守则有望,而攻则不能硬拼,必须智取。在一个无月之夜,张巡鸣鼓整队,势若将出,敌人闻警,严加戒备,但城内迟迟不出兵,天亮后反而息鼓休息。敌人见城内没有任何声息,便放心地解甲休息。这时,张巡和将军南霁云等10余名骁将,各带精兵五十,大开城门,杀将出去,斩敌将50余人,杀敌军5000余人,得胜而回。张巡想要彻底打破包围,就要想办法射杀尹子奇。但他又不认识尹子奇,所以他想了一个办法——削蒿为矢,射向敌兵,敌兵发现蒿草箭矢后,以为城内箭已用尽,急忙向尹子奇报告。张巡远远看见,对将士说:“听报告者必是尹子奇。”遂搭弓射箭,正中尹子奇左眼,尹子奇痛不可忍,伏鞍而逃,张巡乘势从城中杀出,叛军退离睢阳。

不久,尹子奇又征兵数万再攻睢阳,连用云梯、钩车、木驴等攻城器械,奋力攻城,但均为张巡所败。尹子奇屡攻无效,乃在城外挖壕筑栅,准备长期围困。不久城中粮尽,只食茶纸树皮,士多病亡,只剩600人。张巡不得已派南霁云出城求救,只带得三千兵马回来,中途又遭尹子奇的重兵堵截,南霁云拼死冲突,杀开一条血路,只带千人进入睢阳城,余皆战死。

尹子奇得知睢阳绝援便加紧攻城,张巡等虽死守,但终因寡不敌众,城破被俘,张巡、南霁云等皆不屈而死。

张巡守睢阳,兵士不足1万,城内居民仅数万,但他坚守孤城一年,大小战斗400余次,杀敌12万,创造了战争史的奇迹。张巡以超人的智慧和爱国的赤诚,在中国名将史册上写下光辉的一页。

功盖一世而上不疑

——郭子仪

郭子仪是唐朝中期的著名将领,一生经历了从武则天到唐德宗等七朝。60年中,郭子仪多次担任重要的军事职务,长期掌握着中央的军政大权。尤其是在平定安史之乱的战争中,表现出卓越的军事指挥才能,成为一代名将。

755年,安禄山造反,唐玄宗诏令郭子仪为朔方节度使,率军东讨。郭子仪先后斩杀安禄山部将周万顷,击败高秀岩,收复云中、马邑等郡。后来,他又与李光弼联合打败史思明几万人,平定了藁城。此后,又向南进攻赵群,擒贼四千,收复常山。安禄山闻知史思明战败,便派精兵支援史思明。郭子仪说:"叛军依恃增兵必定轻易对我,轻易对我,则军心不巩固,军心不稳,我们一战必胜。"两军相遇,交战多时不分胜负,郭子仪斩杀了一名作战不力的上将,将士见状便拼死战斗,打败叛军。此后,唐军白天扬兵作战,晚上捣毁叛军营垒,叛军不得休息,士气逐渐消退。此时,郭子仪便联合李光弼等诸军在嘉山攻击叛军,斩杀4万多人,俘获人马数以万计。史思明逃奔博陵,河北各郡逐步收复。此时唐肃宗李亨即位,召郭子仪班师回朝,拜为兵部尚书。

757年,肃宗下诏令郭子仪为关内、河东副元帅,随元帅广平王率汉、蕃兵15万进军长安,安庆绪派元帅张通儒和部将李归仁率精兵迎战,被郭子仪用前后夹攻的战法击败,斩杀6万,活捉2万。张通儒连夜逃离长安,郭子仪收复长安,休整3天后又向洛阳进发。

安庆绪在洛阳得知长安失守,唐军又东来攻洛阳,便派大将严庄率10万人屯驻陕州,协助张通儒,铌鼓之声长达万里。郭子仪率军从正面攻击,派李嗣业率回纥军从后面伏击,使叛军首尾不能相顾,大败而逃。

严庄等逃到洛阳,挟持安庆绪渡河保守相州。唐军收复洛阳,河东、河西、河南的州县全部平定。因战功卓著,皇帝升郭子仪为司徒,封代国公。郭子仪入朝进见肃宗时,肃宗亲自到郊外迎接,并慰劳说:"国家能否再造中兴,都全靠你了。"

唐代宗继位后,梁崇义、仆固怀恩相继叛乱,皇帝诏令郭子仪为关内副元帅,镇咸阳。郭子仪接到诏书时,身边只有几十名骑兵,郭子仪一路招兵买马,在洛南会合王知节部,军势才稍大。进驻高州后,郭子仪派遣一部分军队击鼓震山,虚张旗帜,夜晚点燃万丛火炬。敌人非常害怕,老百姓纷纷传告说"郭令公来了",敌将闻风纷纷逃跑,京城自此安定。代宗听到大破敌人的消息后,哭着对左右说:"子仪真是大唐的社稷臣。"

郭子仪

765年,代宗诏令郭子仪为河南道节度行营,再次镇守河中。此时,仆固怀恩诱说吐蕃、回纥、党项、羌、浑等部30万人,进犯醴泉、奉天,京师大为震动。代宗急令各军进驻要地,命郭子仪屯驻泾阳,等到各路军到达驻地之后,敌人的骑兵已经合围京城。郭子仪让部将各坚守一面,自己亲率铁甲骑兵两千出入阵中,回纥人惊奇地问:"他是谁?"回报说:"是郭令公。"回纥人奇怪地问:"令公还在吗?怀恩说令公已经去世,中国失去了主人,所以我们才随从而来。令公现还活着,我们怎能和他开战呢?是怀恩欺骗了我们。"他们对郭子仪派去的人说:"如果令公真的活着,我们可以见见他吗?"郭子仪刚要出去,左右对他说:"戎狄人有野心,不可相信。"郭子仪说:"敌人的人数比我们多 10 倍,现在不能用武力打退他们,我将要向他们表示诚意。"左右请求派兵五百跟随,郭子仪不听,立即传呼说"令公来了"。回纥士兵都拿着武器严阵以待,见郭子仪只带了几十名骑兵,免去头上的头盔。郭子仪对回纥人的大首领说:"我们同艰苦的时间已经很长了,为什么要放弃忠诚的情谊而做这样不义的事情呢?"回纥人一见郭子仪这等风范,便都放下兵器下马拜见说:"果然是我们的父亲。"郭子仪立即召集他们饮酒,赠送彩锦,发誓同从前一样友好,回纥人接受了郭子仪的诚意。吐蕃人见回纥人动摇了,便也连夜撤退而去,郭子仪派兵和回纥人一起追击,在灵台西原大败吐蕃 10 万人,杀了 5 万,俘虏 1 万,边地皆安。代宗下诏拜郭子仪为尚书令,郭子仪恳辞不受。

780 年,唐德宗李适即位,晋郭子仪为太尉、中书令,赐号"尚父",因他年老多病,罢了他所兼各州的节度使和各军的统帅职务。781 年,郭子仪病逝,时年 85 岁。德宗哀悼,废朝五天,诸臣都奉旨往悼。安葬时,德宗亲到安福门去送,痛哭失声,文武百官陪同皇帝流涕,将郭子仪陪葬在肃宗建陵的旁边。

郭子仪一生战功卓著,威震中外,敌军闻名而退。他为人宽宏大度,对皇帝忠诚,对下多宽恕,赏罚必信,任人唯贤。他处处严于律己,身处七朝,与皇帝关系密切,使对他的谗言离间都不能成功。后人评价他说:"权倾天下而朝不忌,功盖一世上不疑,侈穷人欲而议者不贬。"在我国的历代名将中,能像郭子仪这样居功不傲者确实是不多见的。

巧施离间，除掉大患

——赵匡胤

"**陈**桥兵变"之后，赵匡胤建立了北宋，经过多年的南征北战，其他的藩国也逐一被他平灭，最后只有南唐了。

赵匡胤非常想吞灭南唐，但是心里却非常顾忌南唐战将林仁肇，因为他不仅英勇善战，而且足智多谋，一旦发动战争，会成为宋军的头号强敌。如何才能除去林仁肇呢？赵匡胤日思夜想，终于想出了一条绝妙之计。

有一次，南唐李从善前来朝拜赵匡胤，被赵匡胤找了个借口扣押下来。南唐国主李煜派人来讨，赵匡胤以爱才之名不肯放李从善回去。李从善知道自己回不去，便安慰李煜："我留在这里，正好可以打探一些消息，以备赵匡胤有不利于我们的举动。"

看到李从善安心地留了下来，赵匡胤立刻展开了计划，他先派人去南唐画下了林仁肇的画像，然后将画像带回汴梁，挂在宋朝开国将士的画像之中。

安排好一切之后，赵匡胤在凌云阁设宴款待李从善。酒酣之际，他做出一副兴致勃勃的样子，讲起自己当年征战的功绩，大力地吹捧曾经辅佐自己的战将，还盛情邀请李从善参观凌云阁上这些功臣的画像。

当李从善登上凌云阁的时候，赵匡胤对着画像为他讲述了这些功臣各自的战功，可是在林仁肇的画像前，他却忽然不说话了。李从善看到林仁肇的画像，大吃一惊，忙问："这个人是林仁肇，怎么会在这里挂着他的画像呢？"

赵匡胤假装支支吾吾了一番，然后说："你也不是外人，所以也没有必要骗你了。我非常爱惜林将军的才华，劝他早日归顺，他已经答应了。

过不了多久他就会带着大军投降,南唐也就要落入我的管辖了,所以他也是我大宋的功臣啊!"

李从善听到这番话非常惊讶,以为赵匡胤喝醉了才会透露这个消息。他忙回到府邸,写信给李煜说明了情况。李煜见信大吃一惊,忙召林仁肇来试探,一无所知的林仁肇自然不能应对已经起了疑心的李煜,更加引起了他的怀疑。最后,李煜赐毒酒给林仁肇,将他毒死在宫中。林仁肇死后,赵匡胤再也没有任何顾忌了,挥兵南下,轻松渡江灭掉了南唐。

在战争之中恰当地使用"诡计",就可以找到一条达到目的的捷径。离间计作为所有战争计谋之中效果最好的计策之一,也是常常会在战争谋略中出现的计策。赵匡胤不过使用了一幅画像,并没有出动一兵一卒,就可以将自己吞并南唐最大的障碍扫清,可见敌人虽然强大,但并不是只有面对面的厮杀才可以击败他,有时候选择从内部进行瓦解,反而更容易达到坐收渔翁之利的目的。

制造假象，引起猜忌

——岳 飞

南宋高宗绍兴七年（1137 年），岳飞接到任命，要求他率领一支队伍，迎击金兵。

岳 飞

在出兵之前，岳飞翻阅着手中的卷宗，心里非常烦闷。因为在此之前不久，奸臣刘豫忽然背叛了大宋，投靠金主。这个卖主求荣的叛徒掌握着宋军的很多机密,现在他一定将这些军事情报毫无保留地贡献出去了,不然金主也不会封他为大齐皇帝。

岳飞站起来走到窗前,心里盘算着怎么才能除去这个心头大患。正在此时,探子送来了最新的情报,岳飞翻开一看,上面写着:"刘豫深得金将粘罕的欢心,但是金兀术却非常讨厌他。"看到这里,岳飞忽然眼睛一亮,想到了一条妙计。

没过几天,军中俘虏了一个金兀术的间谍,众人不敢怠慢,忙送到了岳元帅帐下。岳飞心想:"现在刘豫和金将之间存在矛盾,我正好可以利用起来,破坏他们的关系。这个间谍既然是金兀术的部下,何不用他的一张嘴来传递消息呢?"

于是,他先让左右退下,用责怪的口气对那个间谍说:"你不是张滨吗?前些天,我让你送信给齐王刘豫,让他和我一起将四太子金兀术诱骗到江边来杀死,你怎么一去不复返了?"

说到这里,岳飞故意停顿下来,又做出一副很得意的样子说:"不过,我已经派遣了别的人替代你去约定这件事了,而且刘豫已经答应按照计划行事。过不了多久,他就会将四太子引诱过来,我就会消灭他。你带我的书信去了哪里?差点儿误我大事!"

这个间谍听到岳飞这么责怪自己,一阵莫名其妙,他本是金兵间谍,怎么会受过岳飞的指派呢?但是他知道自己的小命现在正在岳飞手中,倒不如顺水推舟,假装自己正是那个张滨。于是他扑通一声跪下来,哭着说:"我就是张滨,望岳元帅饶命!"

岳飞又审视了这个间谍一番,然后坐下来迅速写好一封信,封进蜡丸之中交给了他:"上一次你犯错,这一次我给你一个立功的机会,这封信你立刻送去给刘豫,万万不可泄露出去。为了保密,不得不让你受一点苦了!"说完,岳飞让亲信进来,在间谍的大腿上割开一个口子,将蜡丸塞进去藏了起来。

间谍拿到了岳飞的信,也顾不得自己身体的疼痛,便急忙跑到了金兀术的军中。金兀术打开那个蜡丸，顿时暴跳如雷："岳飞写信给刘豫，让他来诱杀我！这个刘贼真是吃里爬外！"

于是，金兀术连夜赶去觐见了金朝皇帝，将情况全部汇报给他，而金主也自然毫不留情地将刘豫杀死，为岳飞除去了一个隐患。

金人之所以要接受刘豫，是因为看到他身份特殊，可以带来一些价值。而岳飞则利用这种特殊的身份做文章，让他们彼此之间的矛盾爆发出来，形成了内讧。对于金人来说，刘豫这个傀儡并不值得完全信任，这恰好给了岳飞机会。利用敌人的内部矛盾来挑起争端，是军事谋略之中非常高超的技巧，一封书信就可以瓦解刘豫与金兀术之间的关系。能否找到彼此之间最为顾忌的地方，也就是矛盾的焦点，是决定离间是否成功的关键。

设险守蜀，以步制骑

——余玠

余玠是我国南宋末年一位著名的军事家。他在四川领导军民建立起山城防御体系，为稳定长江上游残局，支撑南宋半壁河山，起了重要作用。

1242年，余玠奉召入朝奏对。宋理宗认为余玠是一位颇有政治头脑的实干家，是帅才，遂任他为四川宣谕使，主管四川军政大事，不久又授予余玠为安抚制置使兼知重庆府。

余　玠

余玠到蜀后，即建立四川制置司，即南宋西南战区的最高指挥机构。同时又在帅府东侧设立一所如同帅府一样华丽的招贤馆，凡有应召宾客从远方而来，余玠总是以礼相待，凡言有可用者，随其才而任用。播州（今贵州遵义）人冉琎、冉璞兄弟，具有文武之才，长期隐居，听说余玠贤德有为，开诚布公，礼贤下士，认为可以同建大业，遂上门谒见，对余玠说："今日守西蜀之要地，莫过合州城。"余玠闻之起座道："我也有这个想法，只是考虑到无处可迁。"冉璡说："蜀口形胜，无过钓鱼山，请迁城于此，然后派兵扼守，积粟以待，胜过十万之师，巴蜀自可固若金汤。"余玠听说非常高兴，当即上报朝廷，请求任命冉氏兄弟。皇帝下诏由冉氏兄弟主持合州城防事务。命令一下，众幕僚皆不以为然，反对迁城。余玠对他们说："此城若成，蜀赖以安，如不成，玠独坐罪，与诸君无涉。"之后他立即动手筑城，先在青居、大获、钓鱼、云顶、天生各山，建十余城，均依山为垒，星罗棋布，并将合州旧城稳置钓鱼山，专守内水。遂移置云顶山，以御外水。仿若加臂伸指，声势联结。

余玠在初步完成移城计划后，根据设险守蜀、以步制骑的战略原则，在筑城钓鱼山后，又制定了建立全蜀防御体系总体规划，亲自选拔一批实干的官员，分赴各地，主持筑城事宜。先期筑城十六座，有重庆城、嘉定城（今乐山）、钓鱼城、大获城（今阆州）、白帝城、苦竹隘（今剑阁县）、天生城（今万县）、瞿塘城（今奉节）等，中期又对已筑城池进行重点加固，并增建了小宁城（今巴东县），后期进一步完善防御体系，增建青居（今南充）、得汉（今通江县）、平梁（今巴中县）三城。至此，余玠完成了他的总体规划。余玠所造的山城，充分发挥了蜀险优势，扬长避短，充分体现了他以步制骑的防御思想，同时还考虑了各城之间的联系，形成了统一的布局，是一个有机的防御整体，丰富了古代的军事防御理论。

余玠建设山城防御体系的过程，也是他开展山城攻防战，抗击蒙古入侵，取得辉煌胜利的过程。1243年3月，蒙古大将按竺父率军入蜀，一举攻破了无险可守的资阳，4月又进攻嘉定，因其据险而守，蒙军只好退回。1246年，蒙古大将塔塔歹帖赤分兵四路袭击四川，由于在蒙军入蜀的必经道路上，余玠早已筑城防守，蒙古骑兵无法施其所长，只好下骑步战，结果被余玠打得大败。1248年，蒙古军由于从正面入蜀几次受阻，便改由泸定县、大渡河一线进攻，企图迂回入川，余玠针对蒙军的这一企图,派遣嘉定守将俞兴,率兵五千,进行西征,在岩州给蒙军以重创。在四川防御取得胜利之时,余玠又率师北伐,发起收复汉中的战略反攻。余玠连战连捷,一直打到中梁山,构成了对蒙军的团团包围之势。由于蒙军援军不断到来,余玠才全师撤退。

1252年10月,蒙古大将汪道臣、火鲁赤,在忽必烈的命令下,率大军入川,经成都,进抵嘉定。余玠利用依山傍水的嘉定城及其周围附属城堡,调集全蜀精锐部队,在嘉定与蒙军会战,他先令部队据守万山、必胜、西城堡,用强弩进攻。余玠亲率守将俞兴及各路援军,轮番潜军夜出,袭扰敌营,最后终于打退了蒙古军,嘉定之围遂解。蒙军撤退,余玠又命沿路山城守军,步步阻截,蒙军损失惨重,只有少数逃出川境。

余玠处于南宋末年,这也正是蒙古骑兵恣意横行,形势岌岌可危的年代。余玠以他的远见和胆略,从实际出发,制定了设险守蜀、以步制骑的策略原则,苦心经营十年,建立了完备的四川山城防御体系,有效地抗击了蒙古军的入侵,在中国古代军事防御实践中留下了光辉的一页。作为一代名将,余玠受到后世人们的广泛推崇。

深略善断,将军有术

——伯 颜

伯颜是我国元代的著名大将和军事家,因其善于谋略,而颇受元世祖忽必烈的器重。入朝六年即连续迁升,任同知枢密院事。

1274 年,忽必烈命伯颜为总领河南等路行中书省,率军 20 万攻宋。同年 7 月,伯颜率军出行,忽必烈告谕说:"昔曹彬以不嗜杀而平江南,你应体朕心,为朕之曹彬。"9 月,伯颜大会诸军于襄阳,决定分军三路。伯颜统率中路,由汉江直趋郢州。郢州在汉水以北,以石为城,宋军守备甚为严密,下流黄家湾也有防守,但不比郢州坚固。伯颜命军攻占黄家湾,然后赶造舟船,直入汉水。众将都请求说:"郢城系我之咽喉,不取恐为后患。"伯颜说:"用兵之术,在于缓急。屯兵攻城,乃是下策。今大军之出,并不为此一城。"遂下令置郢城于不顾,挥师顺流而下直取黄家湾。11 月,伯颜率军进至复州(今湖北沔阳),平章阿术派使询问渡江日期,伯颜均不回答,后来阿术亲自来见伯颜。伯颜才对阿术说:"此乃大事,除你我二人,不宜使余人预知军情。"然后他偷偷地告诉了阿术,过了两天,伯颜突然下令,大军至蔡店(今汉阳西六十里),择期渡江。当时汉口形势是宋将夏贵督战舰万艘,把守要冲,宋将王达守阳罗堡(今汉口东),夏贵还派精兵扼守沙芜口(今武汉人江处),元军难以渡江。伯颜于是派兵包围汉阳,声称要从汉口渡江。夏贵果然移兵援救汉阳。而伯颜却暗派大将率兵阻拒沙芜口,逼近武矶,监视阳罗堡,然后引船入沦河,经趋沙芜,进入长江。但此时元军大部分集于江北,诸将又建议说:"沙芜南岸,有战船甚多,可攻取为我所用。"伯颜说:"我也知其可以取,唯虑你等贪小功而失大事,宜一举渡江,而收其全功。"乃命令诸将,赶造攻具,进击阳罗堡。可是,进攻了三天也没有打下阳罗堡。伯颜乃密谋于阿术说:"宋将以我必拔此堡,方能渡江。此堡甚坚,攻之徒劳。今夜你率铁骑三千,泛舟上流,为捣虚之计,明晨渡江,直袭南岸。过江之后,速报于我。"安排好以后,伯颜继续派兵攻击阳罗堡,诱使夏贵来援。而阿术则乘阳罗堡打得正热闹的时候,偷偷率军逆流而上四十里,突然横江越渡,血战中流,得船千余艘,进占南岸,架起浮桥。夏贵听说江南已失,大为惊慌,带领亲兵数千而逃,伯颜乘势急攻阳罗堡,宋军因主将先逃,随之大溃,几十万军死伤逃亡,几乎殆尽。诸将说:"夏贵乃宋之大将,应立即追杀。"伯颜说:"阳罗之捷,我正欲遣使转告宋人,今夏贵逃走,可代我为使。"

伯颜占领武昌、汉阳后,留一部分兵守武昌,自己亲率大军水陆东下,一路夺关斩将,于 1276 年正月长驱进至嘉兴,会合三路大军包围临安,4 月宋降,南方基本平定。忽必烈因伯颜有功,复拜同知枢密院。

1289 年,忽必烈命伯颜去镇守和林(今蒙古人民共和国乌兰巴托西南)以防止海都叛乱。海都因慑于伯颜的威望,不敢近边。但不久,海都大举入侵。伯颜下令各处要隘,坚守不战。廷臣都认为他怯敌,于是上奏忽必烈。忽必烈也不知伯颜葫芦里卖的什么药,只好派皇孙铁木耳去北方替换伯颜。就在铁木耳未到和林之前,海都又大举进犯。伯颜派使者对铁木耳说先不要到和林来,等消灭海都之后,再来和林。同时命令军队出战,每日先战后退,退 10 里安寨,连战 7 日,连退 7 日,共退出 70 余里。众将也以为伯颜怯战,纷纷请求出战。伯颜说:"海都悬军入侵,十步九疑,我若胜他一仗,他便缩回去了。我现在诱敌深入,骄其情,懈其备,然后可一战而擒。诸君定要连战,倘若被他脱逃,谁负其责?"众将说："主帅高见，原有道理，但皇孙停止中道，他们并不知我们的密计，这样恐怕会引起误会，所以我们请求速战。主帅怕海都脱逃，我等请负其责。"伯颜乃下令出击。海都因连日获胜，非常得意，果然骄而无备。伯颜挥军杀入营中，海都见势不好，所幸尚未入险地，乃率众远逃。果未出伯颜所料，众将愈发敬重伯颜之谋。

1294年，伯颜被拜为太傅，录军国重事。翌年病故，终年59岁。伯颜一生征战，深略善断，文武兼备，治军有方，善于用兵。他率军20万攻宋，诸将仰之如神明，无不叹服。可以说，伯颜是那个时代的杰出军事统帅，也是我国历史上的著名军事家。

老谋深算，机智善取

——刘　基

刘基，字伯温，是我国明代著名的军事家。在民间，人们把他看作是诸葛亮似的人物，更有的故事把他描绘成能掐会算，能呼风唤雨的神仙。这虽有些夸张，但也确实说明了刘基是一个有学问、有谋略、有指挥才能的军事家。

朱元璋起兵后就积极招贤纳士，他早闻刘基有大才，便请刘基出来为他出谋划策，刘基开始不肯，因为他还不知道朱元璋是个什么样的人。后来朱元璋又几次恳请刘基。刘基便决定去见朱元璋，看看他对自己的态度。朱元璋听说刘基来了非常高兴，为他修建了一所礼贤馆，礼仪有加，并诚心倾听刘基的意见。刘基一见朱元璋如此真诚待他，便安下心来，决意帮助朱元璋。

朱元璋向刘基征求对形势的看法。刘基分析说："你现在据有金陵（今南京），形势险要，地理条件好，但东南有张士诚，西北有陈友谅，势力都很大。因此，决定大策要全面分析客观形势，审时度势，才能上应天命，下符民情，最后取得成功。张士诚虽然有众多兵力，占据很多地方，但他缺乏宏图大略，安于现状，不会有什么大作为，可以暂时不去管他。而陈友谅则不同，他野心大，欲望高，拥有精兵数十万众，巨舰无数，而且占据长江中游，在我之上流，无时无刻不想消灭我们，是我们面对的最危险的敌人。面对这种形势，我们不能两边作战，应当集中力量首先歼灭陈友谅。陈友谅消灭后，张士诚势单力孤，我们可一举而定。然后我们就可以毫无后顾之忧，北伐中原，成就帝王的大业。"这番精辟的分析把朱元璋从与群雄争夺地盘的地域战争，提到为争取帝王之业而建立统一的封建政权的战略高度，朱元璋视野大开，对刘基大加赞赏。从此，刘基在朱元璋身边参赞军务，事无大小，朱元璋都问刘基，而且称刘基为先生而不呼名，把他比作汉代的张良。

刘基之墓

不久，陈友谅大举进攻朱元璋，一直进逼到金陵城下。朱元璋的部下主张投降，刘基在会上两眼直视朱元璋一言不发。朱元璋感到很奇怪，就单独把他召到内室，征求他的意见。刘基气愤地说："主张逃跑投降的，都应该问斩。"朱元璋说："杀不杀一会儿再说，先生你现在有什么计谋，快说出来。"刘基说："骄兵必败，敌人已经打了几回胜仗，以为我们怯懦，已经骄傲了。现在我们待他深入之后，用伏兵截击是能打胜的。古人说后发制人，我们以逸待劳，不愁不胜，乘胜进取，制胜敌人，就在此一举了。"朱元璋按照刘基的建议，命令胡大海攻信州，牵制陈友谅后军，命陈友谅的老部下去诈降,诱陈友谅深入,再命常遇春、徐达等各处埋伏。陈友谅果然中计,被打得大败,只带妻子儿女逃奔到武昌。陈友谅的部将胡美看到陈友谅败走,就派他的儿子来见朱元璋,想要投降,但要求朱元璋不要解散他的军队。朱元璋一听很不满意,刚要发作,刘基从后面用脚使劲踢他的床,朱元璋一下警觉过来,立即转变了态度,表示不解散他的军队。这样一来,江西的各个城镇的守将,都自动向朱元璋投降了。此后,朱元璋灭陈友谅,取张士诚,北伐中原,成就帝业,基本上都是按照刘基提出的战略思想进行的。

朱元璋称帝后,刘基任御史中丞兼太史令,坚决实行严格的法治,从军事到民政、赋税,都订立了一整套法规和制度,主张"止滥杀""肃纲纪",不杀无罪之民,不恕枉法之官。刘基刚直不阿,不徇私情,也因此得罪了一些朝臣,他于是向朱元璋请求辞职还乡。后来朱元璋大封功臣,封刘基为诚意伯。他固辞不受,又请求归老于乡。

刘基是明王朝开国的功勋元老,他一生慷慨有大节,正直无私欲,老谋深算,机智善取,在创建明王朝过程中发挥了杰出的军事才能。刘基在文学方面也非常有才能,他的文章诗赋在明代首屈一指,对后世有很深的影响。在中国军事史上,像刘基这样文武全才的军事家还是不多见的。

持重有谋，功高不伐

——徐 达

徐达是明朝的开国大将，我国著名的军事将领。22 岁参加农民起义，因其雄心大略而深得朱元璋器重，在其逝世前的三十几年中，他一直是朱元璋的军事统帅。

1365 年，朱元璋决意征讨张士诚，扩大巩固江浙地区，作为统一全国的根据地。而右相国李善长认为张士诚实力雄厚，现在用兵不是时机，等以后再说。徐达则认为："张士诚貌似强大，内实虚弱，他手下的大将李伯升只知贪图美色金钱，很容易对付，主持军务的是几个书生，他们不懂军谋大计，没有长远眼光。我愿承主上威德，率军进击，三吴指日可下。"朱元璋极为高兴，当即拜徐达为大将军，常遇春为副将，率水陆军 20 万，直接攻打湖州。敌分兵三路来迎，徐达也分兵三路去打，另派一支部队扼住敌军的退路。敌军被打得大败，徐达纵军包围了湖州城。张士诚又派吕珍率 6 万精兵前来援救，而后又亲自统兵前来解围。徐达在皂林将他们打败，张士诚逃回平江（今苏州市），吕珍投降，湖州被攻破。紧接着，徐达又挥师西进，先下江州（今九江市），转而从太湖进击平江，分军构筑长垒包围了平江城，命令军队广搭高台、木塔，置火筒、巨炮，轰击城中的防御设施。由于水断粮绝，死伤惨重，平江被攻破，活捉了张士诚，俘虏敌军 25 万。徐达因功受封信国公。

不久，朱元璋拜徐达为征虏大将军，常遇春为副将，率步骑兵 25 万，北取中原。徐达首先率大军进攻山东，在沂州消灭了王贤父子统率的元军，然后下东平、拔济南、陷济宁、取莱阳，各地守军，不是闻风而逃，就是解甲投降。不到两个月，山东全境皆为明有。徐达乘胜利之际，立即移师河南，直逼汴梁。守将李克彝弃城而逃，徐达不战而下汴梁。随后又挥军自虎牢关入洛阳，同元朝大将脱木儿大战于洛水之北，脱木儿败走，元梁王阿鲁温以河南之地投降，河南全境遂平，紧接着，大军直捣潼关，西进至华州（今陕西华县）。

捷报传来，朱元璋亲到汴梁，召徐达置酒慰劳，并谋划北伐大都。徐达说："大军平定了齐鲁，扫荡了河洛，潼关已经攻克，元朝已失去了所有屏障和外援，现在可以乘势直取元大都。"朱元璋听后点头称善，立即命徐达率大军北伐。徐达调集益都、济宁、徐州诸军，会集东昌，率军北上，连下卫辉、彰德、广平，占领临清，同时又开通水路。水陆并进，克德州，取长芦，控扼直沽，在河西务大败元军，进抵通州。元顺帝率后妃和太子北逃，徐达率军胜利进城。

朱元璋下诏褒奖北征军，把元大都改为北平府，又诏令徐达继续进攻山西。当时驻守山西的是扩廓帖木儿。他听说京城失守，便率兵出雁门关，准备从居庸关进攻北平。徐达得知后，便对诸将说："扩廓远出，太原必定空虚，北平守军足以抗击他们。现在可以乘敌不备，直接进攻太原，使敌人进不能攻，退无所守。这正是避实击虚的好机会。"于是徐达率大军直奔太原，扩廓刚到保定，听到这一消息果然回师救太原，徐达选精兵夜袭敌营，元军大败，扩廓只与 18 人乘马逃走。徐达进占太原。继而又收复大同，山西全境平定。

1369 年，徐达引兵西渡黄河，接连攻克秦州（今甘肃天水市）、兰州、庆阳等地，平定了陕西全境。而后又扫除了元朝残余势力，大破扩廓帖木儿的军队，俘王、国公、平章以下官员 1600 余人，将士 84000 余人。朱元璋听到胜利的消息后立即下令徐达班师还朝，并授予徐达开国辅运推诚宣力武臣，封魏国公。

徐达平日不善言谈，对待事物考虑精深，言必信，行必果，治军严整，令出不二，将士都坚决执行听从他的指挥。他善于安抚士卒，与部下同甘苦,士兵都感念他的恩德,愿意为他效死,因此他的部队能所向无敌。他统率的军队纪律严明,攻城破寨,秋毫无犯。平定大都二、省会三、郡邑一万多,都能做到吏民安居,市不易肆,民不苦兵。打仗多谋善断,持重多略不贸然进兵,不打无把握之战,所以每战必胜。作为朝廷重臣,他谦恭谨慎,从不忘形放纵,每次出征回朝时,只坐一辆车子回家。朱元璋曾对他作过高度评价:"受命出征成功而返,不居功,不自傲,妇女无所爱,财宝无所取,公正廉明,无懈可击,像日月一样光明,只有大将军一个人。"所以在徐达病死时,朱元璋悲恸不已,亲自奔丧,停止上朝。追封为中山王,名列功臣第一。

诱敌出关,疲而歼之

——李自成郏县大捷

1643 年5月,李自成在襄阳建立起农民革命政权。李自成为新顺王,改襄阳为襄京。李自成召开文武要员会议,商讨以后的作战方针。最后决定先取豫西,然后西入关中,有了巩固的后方之后再取京师。

正当农民军准备西入关中之时,明王朝命令孙传庭率10万大军于1643年8月出潼关,进攻农民军。孙传庭兵分三路,他自己亲率主力,以总兵牛成虎为前锋,高杰为中军,王定为后继,白广恩统"火器"营。出潼关,趋洛阳,会合河南杨永福,转攻汝宁。命左良玉率兵自九江赴汝宁,夹击农民军,命四川总兵秦翼明率兵出商洛进行策应。孙传庭的战略企图是三路合击,汇攻汝宁、襄城,歼灭农民军主力。

面对强敌的进攻,李自成认为孙传庭"九边精锐,悉隶麾下,又据潼关之险",如在潼关附近与之交战,万一不胜,将遭到难以估计的损失。因此决定采取诱敌远离关中,陷敌孤立无援而后歼之的方针。此时孙传庭已倾巢出关,向农民军扑来。李自成便将主力集中于襄城一带,并隐伏精锐,只派老弱应战,诱孙传庭东进。农民军一再佯败,放弃了阌乡、陕州、渑池、洛阳。在襄城、郏县之间筑土城20余座,城门暗伏大炮,守城步兵各执长矛、弓矢,杂以小炮,于城前一二里据深堑以阻敌,骑兵列阵于城后机动。孙传庭见农民军连连败阵,自以为是弱不可击,便驱兵冒险轻进,九月进至汝州附近的长阜镇,并全力攻破了宝丰、唐县。孙传庭狂妄地向明帝报告说,誓平楚豫农民,决不留下一个人。这时李自成一方面深沟高垒,坚壁不出,以疲惫敌军。一方面又派轻骑兵绕出敌后,进至白沙,截断了明军的粮道。孙传庭为破城取食,于9月14日攻占郏县,但仅得骡、羊二百余头,很快吃光。紧接着连续七天大雨,明军更加饥疲不堪。9月21日,因无粮饥困,明后军哗变于汝州,溃逃潼关,遭到进至白沙的农民军骑兵的追击。

9月23日,李自成见时机已到,便命令农民军反击,前锋以骑兵三队,号"三堵墙",每队七千二百人,向屯于郏县东南的明军轮番猛攻,明将白广恩见势不利,率所部八千人不战而退逃往潼关。明将高杰损失三四千人,孙传庭转移到南阳,命陈永福断后。但是前军一移动,后军立刻大乱,陈永福制止不住,也随即撤退。李自成亲率主力猛追孙传庭,追到南阳时,孙传庭会同攻占唐县的明军回头迎战。农民军列队五重,明军拼命突破三重,等到第四重时,农民军的精锐骁骑全部投入战斗,一鼓作气,击败明军。明军的骑兵拼命向北逃跑,步兵则四散溃逃。农民军的骑兵乘胜猛追,一昼夜追击400里,歼敌4万余人。孙传庭仅率少量残兵逃至孟津,渡过黄河,经垣曲,退保潼关。

郏县一战是关系到明王朝生死存亡的一战。农民军成功地实行了诱敌出关,然后疲而歼之的作战方针。始则佯退以诱敌,继则顽强防御以疲敌,断其粮道以困敌,而后集中兵力,猛烈反击,并继之以追击,最后大败敌军,扫除了西进关中的障碍。经过这些胜利后,李自成亲率大军自洛阳直追潼关,另派右营10万人自南阳出浙川,下商州,迂回入关中。1643年10月初,农民军主力进攻潼关,明军据险顽抗,李自成分军南山迂回潼关背后,东西夹击,明军大败,孙传庭战死,农民军胜利占领潼关。之后,数十万农民军结阵西进,势如破竹,连克华州、渭南、临潼。10月11日大军会师,12日猛攻西安。守城明将冯师孔战死,王根子开城投降,农民军占领西安。1644年元旦,李自成改西安为西京,国号大顺,建元永昌。经过一系列政治军事整顿后,李自成率大军进取北京,历经一个多月的战斗,终于在 1644 年 3 月 19 日进占北京,崇祯皇帝自缢于景山。明王朝的统治被农民起义军推翻了。

郏县之战是农民军与明军进行的一次双方命运攸关的战略大决战。农民军失败,退将无所归,陷于极其被动的局面;胜则可有巩固的根据地,建国立业,然后资其兵力,后向京师。这样进有可攻,退有可守。如果明军胜,则能据守关中,积蓄力量与江南左良玉、北京明廷形成鼎足;如果失败,北京将失去屏障,左良玉独木难支,明王朝将完全暴露在农民军的包围打击之下。李自成的诱敌远离关中,然后聚而歼之的战略决策,一举打败了明军赖以支撑的主力孙传庭,明军全线崩溃,一发不可收。这可以说是一战而定天下。

利用猜忌心理，除掉心腹大患

——皇太极

明朝末年，袁崇焕率军对抗皇太极的后金大军，与他展开了长年的对峙，并且不断获取胜利。但由于魏忠贤等人的阻挠，让袁崇焕处处受阻，最后不得不辞职归乡。

天启七年（1627 年），昏庸的明熹宗死去，明思宗朱由检即位，改年号为崇祯。明思宗查办了魏忠贤之后，朝中大臣纷纷建议召回袁崇焕。明思宗接受了这个建议，提拔袁崇焕担任兵部尚书，负责整个河北和辽东的军事。他问袁崇焕："接下来，你有什么打算吗？"袁崇焕答道："只要陛下给我指挥军队的权力，朝廷可以配合我，不出 5 年的时间，我就可以夺回辽东。"

听到这一席慷慨陈词，明思宗非常激动，赐给袁崇焕一口上方宝剑，准许他全权行事。

回到宁远之后，袁崇焕整顿军队，严明军纪，让士气大振。而皇太极看到袁崇焕不断变得强大，便决定改变路线，绕开锦州和宁远，从龙井关、大安口朝着河北进发，打算直扑明朝的京都北京。

皇太极的行军布阵确实超出了袁崇焕的预计，他急忙出兵，希望在半路阻拦，可是却被金军乘虚而入，直奔北京郊外。得到情报的袁崇焕心急如焚，连夜行军，赶到京郊和金军展开了一番殊死搏斗。

对于后金军的忽然进攻，北京城中一片惶恐。大家都手足无措，不知道该如何是好。听说袁崇焕赶到，明思宗才放下心来。可是魏忠贤余党对袁崇焕恨之入骨，不断散布谣言，声称此次后金兵之所以能够绕道进京，就是因为袁崇焕为他们让路，说不定其中还有阴谋。

明思宗疑心很重，听到谣言之后就开始怀疑。而从后金军大营中逃回的太监也向他告密说："袁崇焕和皇太极已经订立了誓约，要出卖北京城！"

原来，这个太监被关押的时候，曾经听到两个后金兵的对话。一个说："今天咱们退下阵，完全是皇上（指皇太极）的指示。"另一个问："这是怎么回事？"而前一个人则故作神秘地说："刚才我看到有人从明军大营中来，说是袁将军派来的，他和皇上已经约定，大事即将告成了！"

这个太监听到这番话，大吃一惊，趁机溜出来之后就跑回皇宫汇报。明思宗听了他的话，也信以为真，根本没想到这都是皇太极的预先安排。

气急败坏的明思宗命令袁崇焕立刻进宫，责问他为什么要将金兵引到北京来。袁崇焕来不及回答，就已经被捆绑起来，送进了大牢。

有的大臣知道袁崇焕为人耿直，不可能做出这种事，一再劝诫。可是明思宗却拒绝所有的人的奏章，到第二年便下令杀死袁崇焕。

一个反间计，为皇太极除去了强劲的对手袁崇焕。他退兵回到盛京之后，后金的实力越来越强大。1635年，皇太极将女真改为满洲，第二年便在盛京称帝，改国号为清。皇太极成为了清太宗，而不能辨别忠奸的明思宗却成了被人耻笑的对象。

自古以来，手握重兵的大将和皇帝之间都存在一种微妙的关系，彼此互相依存又互相防备。任用了将领，但是却又不信任他，是历代很多帝王犯过的错误。猜忌心极重的崇祯帝也有这个缺点，于是被皇太极利用，巧施反间计，除掉了自己的劲敌。明朝的毁灭不是一朝一夕的事，但最终破除军事屏障却正是这些谋略起的作用。与其说后金军队的强大让明朝灭亡，倒不如说明朝君臣之间不能同心才是它灭亡的主要原因之一。

英勇善战,近世罕有其匹

——陈玉成

鸦片战争之后,我国爆发了轰轰烈烈的太平天国农民运动。在同清朝统治者进行斗争的风雨中,许多农民出身的起义将领成长为杰出的军事指挥家,陈玉成就是其中的著名军事家。

陈玉成出身于贫苦农民家庭,12 岁起即参加太平军,由于他在战斗中不怕牺牲,勇敢杀敌,显露出军事才能,在 18 岁时即升任为殿右三十检点,统领陆军后十三军和水师前四军。

1855 年,清军包围驻守镇江的太平军。1856 年 2 月,陈玉成奉命救援镇江,在仓头、下蜀、高资,两军交战,相持不下。在这种情况下,太平军决定改强攻为智取,派人潜入镇江城,与城内联系,实施内外夹击。但苦于镇江城被围得水泄不通,无法进城,只好派人强行冲入。陈玉成自告奋勇,只带几名勇士,驾一只快船,冒着敌人的密集炮火,向镇江城冲锋,经过一番艰苦奋击,终于冲破敌人的封锁线进入镇江城。4 月初,经过周密准备,内外夹击,大破清军,打垮敌人 16 个营垒,镇江之围遂解。镇江解围的当天,陈玉成又马不停蹄率军避实就虚,从金山连夜渡江,进逼围困瓜州的清军江北大营,出其不意先在扬州土桥击败钦差大臣托明阿的军队,后又乘胜在三汊河再败清军。前后破清军营垒 120 座,攻克扬州、仪征,迫近六合。至此,清军苦心经营三年的江北大营在太平军的打击下彻底瓦解了。

1856 年,清军又重建江北、江南大营,天京重又陷入危急之中。洪秀全为了扭转不利局势,决定集中力量打击清军江北大营。他根据将领的军事才能,任命陈玉成为前军主将,担任正面主攻。陈玉成领命后即率军东征。8 月下旬即攻占庐州,接着又连下店埠、梁园,直捣滁州,清军被陈玉成的攻势所吓倒,便集重兵于滁州东南的乌衣,企图以此来阻止陈玉成的东进。9月下旬,陈玉成与清军在乌衣大战,陈玉成以其果敢彻底打垮了骄横一时的胜保骑兵,歼敌三四千,清朝的王牌骑兵部队就这样被消灭了。第二天,陈玉成与李秀成会合,一举又歼灭江北大营前来增援的五千清军。然后进抵浦口,两军合击,歼灭钦差大臣德兴阿所统清军1万余人,之后一鼓作气,追击到扬州,再次摧毁了江北大营,解除了天京北面的威胁。

正当太平军在长江下游节节胜利之时,安庆方面却"一日王文前来告急"。原来湘军乘太平军主力集中于长江下游之机,在安徽方面发动了大规模进攻,先后侵占了太湖、潜山、桐城等地,并围困三河。三河位于巢湖西岸,为水陆交通要道,扼庐州之咽喉,太平天国在此筑有大城,囤积粮食军械,是天京、庐州的重要军需地。陈玉成接到告急文书后,立即率兵迅速西回。陈玉成认为清军虽然强悍,但三河乃太平军的腹地,清军已犯孤军深入之大忌,这正是聚而歼之的绝好机会。因此,他领军直抵白石山、金牛镇,从三河之后切断敌人退路,同时命庐州守将会合捻军南下,阻击敌人的援军,又命天京来的援军挡住东面,形成合围之势。11月,陈玉成率军向清军发起攻击,时逢大雾弥漫,陈玉成乘雾从背后杀出,锐不可当,先打败敌人的左路,接着再克其中路和右路,然后与李秀成及三河守军三路会师直冲清军大营,血战至深夜,全歼清军中最精锐、最凶狠的湘军李续宾部六千人,使曾国藩花四年时间装备起来的精锐之师,在一夜之间被消灭。这次漂亮的歼灭战,陈玉成表现出非凡的军事才能。三河战役之后,陈玉成又乘胜出击,连克舒城、桐城等城,围困安庆的敌人听说是陈玉成的军队,吓得闻风而逃,安庆之围不战而解。由于陈玉成是在极其危困的条件下,靠其超人的胆识和卓越的军事指挥才能而取得了惊人的胜利,所以太平天国封他为英王,时年仅23岁,是最年轻的军事统帅。

1860年5月,陈玉成奉命率军参加围歼江南大营的战役,他率军首先攻破了清军在天京西南构筑的长壕,顷刻之间,破清军营垒50余座,歼敌数万,江南大营遭到毁灭,这一战给清政府以沉重打击。

1861年4月,清军再次围攻安庆,陈玉成率主力回师安庆,太平军也派军援救安庆。5月初,大战开始,双方苦战十余天,清军不断增加,曾国藩孤注一掷,集中他的几乎全部湘军。这场安庆会战持续了五个月,陈玉成的部下虽然战斗得非常勇猛,但终因寡不敌众,9月安庆陷落,陈玉成只得引兵退守庐州,因兵单力薄不能久守,不得已突围至寿州,被清诱捕。在敌人面前,陈玉成忠贞不屈,严厉斥责了敌人的劝诱,高声怒喝:"大丈夫死则死耳,何饶舌也!"6月4日,陈玉成英勇就义,年仅26岁。

长期的战争实践丰富了陈玉成的军事才能和指挥才能,使他成长为一位成熟的优秀的年轻的军事统帅,成为太平军后期的主要将领。他不仅作战英勇,而且极富谋略,善于用兵,经常运用"杀回马枪"的战术,化被动为主动。在湖北有"三十检点回马枪"的名声,到处流传,就连敌人也不得不承认他"年少英勇善战""近世罕有其匹"。

计抛诱饵，巧诱强敌

——石达开

太平天国起义是晚清一次规模宏大的农民起义，给清朝统治带来了很大威胁。朝廷派出众多将领前去围剿太平军。曾国藩所率领的湘军就是其中一支主力。

1854年冬，曾国藩率湘军水师沿长江直奔鄱阳湖，在这里，迎战他的是太平天国的翼王石达开，双方在湖口这个地方形成对阵之势。湖口是长江入鄱阳湖的入口，军事位置极为重要。如果湘军能突破这个关卡，则能一路长驱直入，直捣太平军后方。双方都知道此战的重要性，因此也都比较谨慎。

太平军在湖口江面上筑起了一道水上城墙，这道"墙"由一座巨大的浮筏和修建在上面的木城构成，并有许多战船在一旁把守，士兵们宛如在地面上作战一样自如。双方开战后，曾国藩几次想要突破这道防线，结果都被太平军顽强地粉碎了进攻。

曾国藩意识到，太平军对湖口这个地方特别重视，甚至不惜一切代价，都要守住这里。也正因此，曾国藩觉得这可能是太平军的最后一道防线，一旦突破，就胜利在望。于是，他也发誓一定要夺下这里。经过一番血战，太平军终于寡不敌众，开始败退。长江通往鄱阳湖的防线被湘军打开一个缺口。

初战告捷，曾国藩非常高兴。他决心趁热打铁，趁太平军处于弱势时，将其一举消灭。于是，他率领湘军的100多艘轻便小船，通过这个缺口冲进鄱阳湖，追击太平军。

令曾国藩有些奇怪的是，湘军从湖口到鄱阳湖一路并没有遇到抵抗，几千名士兵很快就全部进入鄱阳湖中。这不像是太平军的风格啊？

正当他百思不得其解之时,突然,四周又重新出现太平军的战船,而湘军背后的缺口也被太平军牢牢封锁。湘军陷进了石达开的水上包围圈。

原来,让湘军顺利进入鄱阳湖,正是石达开的诱敌深入之计。他了解到,湘军的水师由大、小两种战船组成。大船主要承载辎重武器,负责军队的后勤保障。小船很轻便、速度快,而且灵活,但要依靠大船做后盾。曾国藩打开的缺口,只能容小船通过,大船是无法过来的。曾国藩求胜心切,忘记了两种战船应该配合作战,只顾带着小船向前冲,结果让大、小船分离,湘军的战斗力也大大被削弱。因此,石达开也是故意让曾国藩能够顺利进入鄱阳湖,好形成围攻之势。

等曾国藩意识到这一点已经晚了。数不清的太平军战船从四面八方涌来,鄱阳湖上一时间炮声隆隆、火光冲天。湘军的小船准备不足,又缺乏弹药等供给,被太平军烧毁、击沉了大半,败局已定,退路也被太平军封死了。

看到自己的水师惨败,曾国藩羞愤不已。他自觉无颜向朝廷交差,自己一生英名尽毁,不禁心灰意冷,冒出轻生的念头。趁人不备,曾国藩扑通一声跳进鄱阳湖中,想要自尽。幸亏他手下的将士及时赶到,把他救了上来,并趁乱突围出去。

此战之后,太平军士气大涨,全国战局也在一定程度上被扭转。

俗话说,天上不会掉馅饼。要想利诱敌人,除了诱饵要足够诱人之外,还要让敌人感到诱饵得来不易。石达开率领的太平军在据守湖口关卡时的顽强,让曾国藩愈发觉得这个地方的重要性,也才容易引诱湘军进入包围圈。相反,如果诱饵很轻易就能被得到,敌人会产生警惕心理,诱敌的计策也就不容易成功。

乘敌之虚,攻其必救

——太平军覆灭江南大营

1858 年,清军趁太平天国内部发生矛盾之机,重建了江南和江北大营,围困天京(今南京),使太平军军事形势急剧恶化,各个战场都陷于被动。天京和外边的交通断绝了,粮食物资越来越少了,仅浦口一个地方供应,而且经常受到敌人的干扰,清军又派兵猛攻浦口,浦口也是朝不保夕。天京形势危急万分。洪秀全调李秀成救援天京。李秀成在天京与干王洪仁玕一起制订了一个以摧毁江南大营为主要目标的作战计划,仿效围魏救赵的计策,用轻兵偷袭湖州、杭州,江南大营必分兵来救,然后返师来攻打江南大营。

　　1860 年 2 月,李秀成率六七千人在芜湖召开了各路军将领军事会议,部署了奇袭湖州、杭州,回师攻打江南大营的战略计划。根据这一布置,李秀成在 2 月 20 日先行率军出芜湖,走南陵,过青弋江、马头镇,直奔宁国。宁国是清军在皖南重镇,驻有重兵,敌人判断李秀成的此次行动目的在于攻取宁国。于是,敌军龟缩在城内,以图自保。清军闻听李秀成攻取宁国,便纷纷征调各路兵马奔赴千秋关,以堵住李秀成由宁国进入浙江省的道路。但李秀成却乘敌征调之时,掉头而向东,风驰电掣,经高桥、小东于 2 月 24 日攻下广德州,只留部将陈坤书、陈炳文率兵防守,自己率领精兵,绕道孝丰、安吉,走天目山小路,进入浙江,然后分兵攻打泗安、长兴、湖州。3 月 11 日黎明进攻杭州武林门,杭州守军还以为是土匪,待登城一望方知是太平军,于是闭城不战。清钦差大臣和春听说李秀成兵临杭州城下,大为震惊,急忙调兵 13000 多人,驰援杭州。3 月 19 日,李秀成率军占领杭州。3 月 23 日,清援军才到达杭州武林门,李秀成知江南大营必分兵来救,果然中计,于是命令士兵在城上遍插新旗帜,以

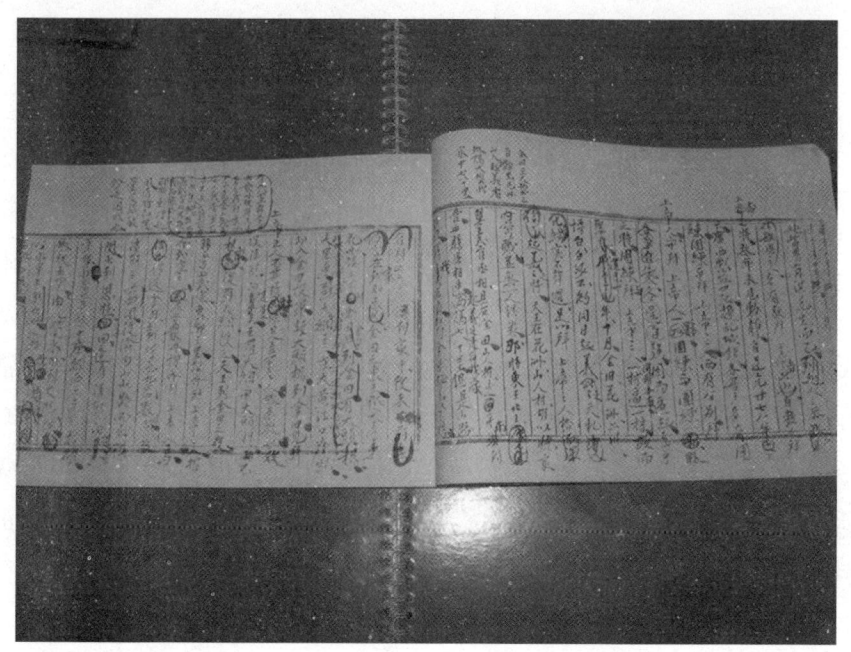

相关记载

为疑兵(李秀成只有军兵 1250 人)。24 日,李秀成率兵从杭州撤出。4 月
11 日,李秀成在建平召开会议,商定进攻江南大营的计划,决定由杨辅清
统军进攻高凉、东坝,李世贤、刘官芳统军进攻溧阳,先扫清外围,截断敌
人的后退之路。4 月 12 日,杨辅清占领东坝、高凉。李世贤等于 4 月 13
日攻克溧阳,兵锋直指常州府。清军援救常州,李世贤则率兵前往攻打
句容,4 月 23 日占领句容,切断了江南大营的后路。杨辅清也由溧水进
占天京南路的要隘秣陵关。至此太平军完成了对江南大营的包围。

江南大营原有兵力 10 万人,由于援救杭州和守外围据点,分兵数万,
此时仅有 5 万余人,在兵力上同太平军相比已处于劣势。5 月 2 日战役
打响,太平军分军五路向江南大营发动攻击。洪秀全知外援已到,便派
军分别由城内出击。内外夹攻,大破德胜门到江边敌营 50 余座,清军军
心涣散,东北各营也相继溃散,和春在亲信的保护下上马出逃,其他将领
也纷纷出逃,江南大营全军溃败。5 月 6 日和春逃到镇江,江南大营彻底

被毁。而后太平军乘胜追击,在丹阳与清军相遇,陈玉成、李秀成统军猛攻丹阳,大败清军,击毙清军将领张国梁、王浚、熊天喜。丹阳被攻破,太平军分军两路,一路指向镇江,一路直趋常州。5 月 22 日,李秀成进至常州,击败守将张玉良,5 月 26 日占领常州,钦差大臣、江南大营统帅和春上吊自杀。至此号称 10 万人的江南大营自统帅以下全部被歼。

太平军的胜利解除了天京之围,也取得了江南富庶的地区,并扭转了太平军战场上的被动局面。这一战的胜利是出奇兵制胜,采取的是乘敌之虚、攻其必救的策略。清军主力聚在天京城下,后方极其空虚,太平军进攻湖、杭,断敌粮饷,清军必救,待其分兵去救之时再握紧拳头,打击包围天京的清军,终于将清军江南大营十万余人全部歼灭。京师的围困自然解除。李秀成是这次战役的组织者和指挥者,从战略部署到战术运用,都表现了他的卓越的军事才能。太平军覆灭江南大营一战成为我国战争史上速战速决、出奇制胜的一个著名战例。

马革裹尸当自誓

——左宗棠

左宗棠是我国清朝后期的著名将领。他在维护祖国统一，收复新疆的战争中做出了重要贡献。

1865年1月，中亚细亚回族首领阿古柏侵入新疆，并逐步占据了天山南北的广大地区。在英国的支持下，阿古柏于1867年自称可汗。1871年，沙俄政府出兵侵占伊犁地区，阿古柏以独立国君主名义，与英俄订约，企图分裂中国领上。

左宗棠

面对沙俄的入侵，李鸿章等主张放弃新疆。当时任陕甘总督，年已65岁的左宗棠，立即上书朝廷，要求清廷火速出兵，收复新疆。他说："我们新近平定甘肃、陕西，不乘此机会及时收回过去国家失去的土地，反而把它割弃，让别人另外建立一个国家，这是坐在家里把国土送给别人，把边关要地丢失。因此,边防兵员不能减少,军饷不能减少。否则,不但无益于海防而挫伤国威,还会造成祸乱。这是绝对不可以的。"1875 年 5 月,清廷任命左宗棠为钦差大臣,督办新疆军务,全权处理一切事务。

左宗棠受命后即从兰州率军西行,进抵祁连山下的酒泉。他命刘锦棠为前敌指挥,大将金顺担任先锋,进军乌鲁木齐。清军经过两个月的艰苦跋涉,穿越戈壁,跨越天山,进抵乌鲁木齐,一举攻克乌鲁木齐,9 月收复全部北疆领土。1877 年 3 月,左宗棠挥师南征,他下令说:"国民受匪徒的驱迫,早已讨厌阿古柏了。因此,大军所到之处,不要残杀民众。征讨作乱的军队,对百姓如同及时雨,这是一次良好的机会。"4 月,刘锦棠攻克达坂城,收复托克逊,并进逼于吐鲁番城下,不久即攻克吐鲁番,阿古柏服药自杀。7 月下旬,清军兵分三路,长驱直入八百里,先后攻克库尔勒和库车。进入冬季以后,左宗棠率军冒严寒、忍饥饿,连续奔袭三千里,收复喀什噶尔。至此,左宗棠经过一年多的艰苦征战,收复了除伊犁以外的全部失地。

1878 年,清廷在左宗棠胜利后,即派崇厚为使出使俄国,谈判收回伊犁事宜。俄国以通商、分界、偿还债款相要挟,崇厚接受了这些屈辱条件,朝廷大臣久议不决。左宗棠上奏说:"自从俄国占据伊犁后,对我国蚕食不停,新疆土地有日缩百里的趋势。现在战争还没有发生,就出现割地求和的人,一箭未发,却要索要冲要之地,这是国界交涉所不许可的。俄国商人志在贸易,而俄国政府却要乘机广设领事,欲借口通商而进入我国腹地,这是商务交涉所不许可的。臣认为,俄国人包藏祸心,妄自认为我国不愿用兵,才命全权大臣牵制疆臣。为今之计,当先同俄国谈判,巧妙地利用时机。尔后较量军事,以坚忍的精神求得胜利。臣虽然年衰智庸,也敢出力。"皇帝极为赞赏左宗棠的义勇豪壮,重派使臣谈判更改前约,并命左宗棠于哈密屯军,以武力作为后盾。一旦谈判不成即武力收复。

1880 年 4 月,左宗棠从酒泉出发赴哈密,临行前左宗棠叫人把准备好的棺材带上,表示不收复伊犁誓不生还的决心。到达哈密后,左宗棠分四路驻扎,总兵力四万多人,严阵以待,只待谈判破裂,即刻进兵伊犁。沙俄害怕清军的兵威,恐双方决裂,遂交还伊犁,至此,新疆全部归回中国的版图。清朝晚期,西方各国都在力争富强,而中国却依然封建落后,所以在西方人眼中中国仍是个脆弱的国家。左宗棠平定阿古柏,收复新疆,俄国归还伊犁,大振国威,西方人才改变了他们的看法。9月,左宗棠出任西江总督、南洋通商大臣。在他出巡吴淞,经过上海时,西方人都为他制龙旗、放礼炮,以隆重的仪式迎送他。

1884年,中法战争爆发,左宗棠请求到云南督率清军作战。光绪帝召他入京主持军机处,并命左宗棠为钦差大臣赴福建督办军事。左宗棠受命后立即命他的老部下王德榜的儿子王诗正组建军队,悄悄渡到台湾。王诗正到台湾后受法军阻击,而王德榜则会同清军各部在谅山打了胜仗。1885年,中法战争结束,左宗棠因病请求引退,7月在北京逝世,终年73岁。朝廷赠太傅,列入京师宗祠、贤良祠内祭祀。

年已古稀的老将军左宗棠,带着棺材长途征战,勇挫强敌,捍卫了中华民族的主权,在帝国主义侵略者面前表现出高度的爱国主义精神,颇有"马革裹尸当自誓"的英雄气概。

冷兵器一枝独秀

——远古始五代终

兵器是战争的主要战斗工具。我国从原始社会后期到五代时期,还没有将火药应用于军事,所以称为冷兵器时代。夏代以前为石兵器,商、周、春秋为铜兵器,战国、秦代以后为铁兵器。冷兵器的性能,基本上都是以近战杀伤为主。在整个冷兵器时代,只有量的提高,没有质的突变,在形制和种类上,由于手工生产的限制,发展水平不平衡,所以也有很大的不同。

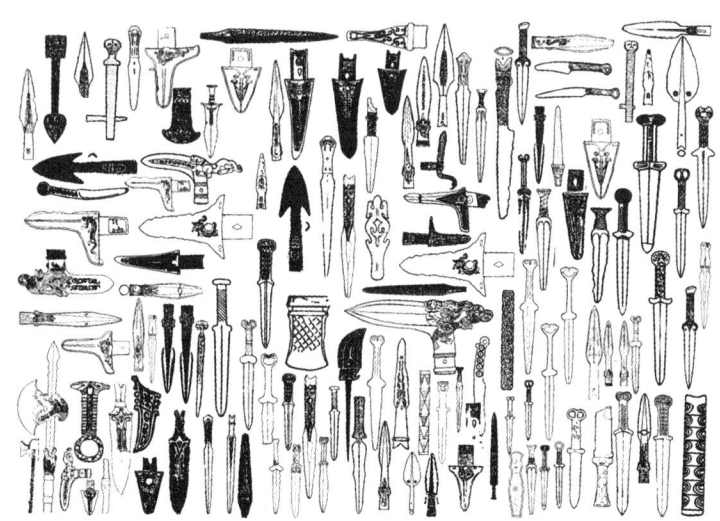

冷兵器依其用途不同,主要分为三类,即长兵器、短兵器和抛射兵器。另外,还有防卫武器和攻城器械。

长兵器和短兵器。在古代,这两种兵器并没有严格的尺寸标准,一般以把等于身长或超过身长,在战争中用双手持握的称为长兵器;把不及身长,以单手操持战斗的,称为短兵器。这两者是古代的主要兵器。

长兵器主要有戈、矛、戟、枪、长刀、殳、斧、钺。

戈是一种可勾可啄,装有长柄的武器。其基本性能是用以勾割或啄刺敌人,所以古代叫作勾兵或啄兵。戈是从商周到春秋时期的主要武器之一。当时的作战方式是车战,每辆车上有甲士三人,主将在左,用弓、矢,戎右在右,使用戈,御者居在中,管驾驶。

矛是一种直而尖形的刺杀兵器。在唐代以前一直是军队的常备武器。

戟是一种可勾可刺的兵器。出现于商周,盛行于战国、汉晋各代。戟是在戈、矛的基础上演进而成的,是戈与矛的结合体。戟的杀伤力比戈高,所以戟出现后很快代替戈成为军队的主要武器。尤其在战国和汉代,经常作为武装力量强大的标志。

枪是一种刺击兵器,形制和矛相类似。由于它比矛更为轻便锋利,所以自晋代以后,枪兴而矛衰,成为军队的主要武器。

长刀,就是一种安有长柄的大刀,是一种砍杀兵器。创自汉代,晋代叫大刀,唐代叫陌刀,是汉后各代的常备武器之一。

殳是一种竹、木制的打击兵器,又叫杵、杖、棒,是夏、商、周时代的基本武器,当时虽有铜兵器,但一般只给贵族们使用,奴隶使用的武器主要是殳。

斧、钺是一种劈砍兵器。两者形制相同,区别只在于大小,大者称斧,小者称钺。斧、钺是商代的重要兵器之一。

短兵器主要是刀和剑,刀身是单刃,主要用于砍杀,剑身是双刃,主要用于刺杀。剑是春秋战国时的主要短兵器,到晋代由于在砍杀效能和坚韧度上不如刀,便让位于刀,不再是战斗使用的主要武器而成为辅助兵器,并且作为文武官吏佩带的饰物和防身武器。刀是汉晋时期的主要武器。唐代刀分为三种:仪刀、新刀和横刀。除刀和剑外,短兵器还有匕首、锤、锏、鞭。锏和鞭的主要区别是锏为方形有四棱,鞭为圆形像竹节一样。

抛射兵器主要有弓、弩、箭、抛车。

弓的特点是轻巧灵便，能在远距离射杀敌人，因此，自有战争以来即成为主要兵器之一。

弩是安有臂的弓，弓臂上装有弩机。发射时先将弓弦向后拉，挂在勾上，对正目标后，一扣扳机，箭即射出，它和现代的枪、炮的击发装置相同，是军队中的重要装备。

箭是弓弩所使用的，古代叫作矢，原来用骨、石做箭镞，后来改用铜和铁。

抛车是一种抛掷石弹的攻守城垒的武器，又名发石车或抛石机，我国古代的炮就是抛，即抛石的意思。"砲"字从石就是缘于此。后来又因其抛掷火药弹，所以"砲""炮"通用。

防卫武器主要有盾、盔、甲。

盾，古代叫干，后世叫盾或盾牌，它和刀、剑等兵器配合使用，是一种战斗装备。在冷兵器时代，它和其他兵器列于同等重要地位。

盔、甲是一种卫体装备。盔，古代叫胄，其形如帽，用以保护头部；甲又叫介、函和铠，其形类似衣服，用以保护身体。秦汉以前的盔、甲多为皮革，汉代甲已用铁制，成为主要的防护装备，不仅战士披甲，马也披甲。在整个冷兵器时代，它一直是军队不可缺少的重要装备。

攻城器械主要有壕桥、云梯、轒辒车。

壕桥又名飞桥，它是保障攻城部队通过护城河的器材。它用两根长圆木，上面钉上木板制成，下面装有一对木轮。

云梯是一种爬城用的工具，古代叫"钩援"。它是用转轴把两个各长两丈以上的梯子连接在一起，并固定在车架上制成的。车架上有一木棚，上面蒙有生牛皮，这样兵卒在棚内推车向城墙靠近时，就可免遭敌人矢石的伤害。因为这种梯子很长，所以叫云梯或飞梯。

轒辒车是古代攻城战斗的重要工具之一。它主要用以掩蔽攻城人员在掘城墙、挖地道时免遭敌人的矢石、纵火等的攻击。它下面有四个轮子，车上有屋顶形木架，上面蒙有生牛皮，并涂上泥浆。每车可容十人。

除了上面三种攻城器械外，还有破坏城墙、城门的器械，像搭车、钩撞车、火车、临冲吕公车，等等。

守城器械主要有撞车、抵篙叉竿、飞钩、夜叉雷等，它们主要用来防御敌人爬城、破坏城墙、挖地道并击杀攻城之敌。

总的说来，在冷兵器时代，随着冶铁术和炼钢术的不断进步，兵器的质量有所提高。但从性能上来说，它仍然没有脱离以近战的直接杀伤为主的范围，仍然没有改变采用集团战术的性质，这是冷兵器时代兵器的特点和战术性质。在整个冷兵器时代，人在地面基本是站着作战的，战斗手段主要是冲击，进行直接格斗，因而集团方阵是冷兵器时代的最典型的阵形。它要求战斗指挥员亲自领导军队向敌人冲杀，而一次战斗的胜败，也往往直接决定于这种兵对兵、将对将的生死拼斗。这是冷兵器时期战斗的基本面貌。

冷兵器与火器并蒂开放

——北宋起而清中叶止

我国兵器的发展,从北宋起,进入了一个新的发展阶段。它的主要标志就是火药应用于军事以及火器的创制与发展,从此结束了冷兵器独步天下的时代,进入到冷兵器与火器并用的时代。从北宋到清中叶这几百年间,火器由最初的燃烧性火器发展到爆炸性火器,再到管形火器。管形火器是近代射击性火器的始祖。它出现后,由竹筒、木筒进而到铜铳、铁铳,再发展成近代的枪炮。火器由初级向高级发展的过程,也就是逐渐代替冷兵器的过程。

火器按其种类可分为燃烧性火器、爆炸性火器、抛射性火器三类。

燃烧性火器。宋元时代的燃烧性火器有很多种,其主要性能是燃烧,并兼有烟幕、毒气、障碍、杀伤等不同作用。按其使用方法不同分为火箭、火枪、火球、喷筒、火禽火兽等五类。

火箭类火器,即利用弓弩发射的火箭。它用纸把火药包装成球状,绑在靠近箭镞的箭杆上,用时先点火,然后射向目标,以引起燃烧。这种火箭从北宋到明初,广泛用于战场,是当时主要火器之一。

火枪类火器,就是用一两个纸筒或竹筒装上火药,绑在长枪枪头下面,与敌人交战时,先发射火焰烧伤敌人,然后再用枪刺杀,如南宋极为盛行的梨花枪。火枪是南宋和元代的主要作战武器之一。

火球类火器,包括各种火球、火炮、火砖、火桶等,一般用抛石机发送。它的性能除燃烧外还具有毒气、杀伤、障碍、烟幕的作用。如北宋的毒药烟球、明代的神火混元球等具有强烈的毒性;北宋的蒺藜火球、霹雳火球,明代的天火球、西瓜炮、群炮、火桶等具有障碍、杀伤作用;北宋的烟球、明代的万火飞砂神炮、轰雷炮等具有烟幕、迷盲和遮障作用。

喷筒类火器用于攻守城寨和水战。主要有毒药喷筒、满天喷筒、毒龙喷火神筒、钻穴飞砂神雾筒。它主要用圆竹筒制作,使用时先放燃烧药,然后放发射药,再放毒药,喷射火焰可远达数十丈。

火禽火兽,原来是用野鸡、麻雀,或牛作携火工具,后来就用木或竹、苇制作成鸟兽形,安上火药,点燃后冲向敌阵,如明代的神火飞鸦和木火兽。

燃烧性火器在宋元两代是主要火器,到明代还占有一定的地位,到了清代仍在使用,但已不是重要武器。

爆炸性火器是在火药不断改进的基础上产生的,依其性能和作用可分为炸弹、地雷和水雷三类。

炸弹类火器是在燃烧性的霹雳火球和霹雳炮的基础上发展起来的。主要有震天雷,它用生铁铸成,内装火药,上安引信,使用时用抛石机发射或由上向下投掷。其效能可以炸毁防御、杀伤人马。南宋和元明都叫铁火炮,它类似于现代的手榴弹,如击贼神机石榴炮、威远石炮等。

地雷类火器创于明代,主要用铁、石、陶、瓷制成,埋于地下,使用踏发、绊发、拉发、点发等装置,引起爆炸,杀伤人马,主要有炸炮、万弹地雷炮、无敌地雷炮等。

水雷类火器创制于明代,有水底龙王炮、混江龙、水底雷、既济雷等四种,主要用于攻击敌船。

爆炸性火器在南宋、元代占有重要地位,明代有更大的发展,清代则不重视,所以很少制造这类火器。

抛射性火器,即利用火器的抛射性能以推送弹头的武器。这类武器数目繁多,形制复杂,但概括起来有两大类,一是管形火器,一是火箭。

金属管形火器是在竹木为体的火枪、火筒的基础上发展起来的。最初的金属管形火器,没有一定的制式和标准,也没有枪炮的区分,大的叫作炮、筒、铳,小的叫作枪。

炮类有两种：一是没有瞄准具的火炮，这类火炮的特点是身管短，口径、弹药没有标准，装填发射速度慢、射程近，命中率低，威力小，如大碗口筒、虎蹲炮、攻戎炮、百子连珠炮等。一是有瞄准具的炮，它的特点是加强了身管，增大了射程，加快了射速，提高了命中率，威力增大，如大铜佛郎机、神威将军炮、红夷炮、武成永固大将军炮、威远将军炮等。

枪类也分没有瞄准具的火枪和有瞄准具的火枪。

没有瞄准具的火枪包括单管、多管和分段发射三类，它的特点是身管短、质量和口径较大，直把、前装、滑镗，用火绳点放，如铜镜火龙枪、七星铳、十眼铳等。

有瞄准具的火枪是参照佛郎机（外国火器，明代输入我国）的构造设计的，它分为单管、多管和鸟枪，如大追风枪、五雷神机、迅雷铳。这类枪的特点是枪身长、口径小、射程长、命中率高。有的枪采用多管发射，近似于现代机关枪。鸟枪的特点是口径小，质量轻，近似于现代步枪，如掣电铳、御制自来火枪、兵丁鸟枪等。

火箭分为单级和多级两类，如飞空击贼震天雷、群豹横奔箭、火龙出水、飞空砂筒等。火箭是现代火箭的雏形。明代的火箭是直接利用火药燃烧向后喷射气体的反作用力发射的，它与鸟枪同为军队中主要的轻火器，既适于水战也用于陆战。

火器在其发展中由于生产条件限制，仍然存在着许多弱点，它还不能适应各种战斗而代替全部冷兵器。近战格斗，仍须靠长短兵器解决。因此，宋以后各代，仍重视冷兵器的发展，同时吸收外族兵器的优点，使冷兵器的品种、形制更适于战斗需要。

宋代的冷兵器，多承袭唐、五代制，并吸收了一些少数民族的器形。长兵器以长枪为主，其次是长柄大刀。短兵器以刀剑为主，杂以蒺藜、铜、鞭、棒等。

元代的冷兵器以弓矢为主，配合骑兵作战，长短兵器以可刺可掷的标枪和近战用的刀、斧、剑等为主要武器。抛石机是元军的主要兵器，为此成立了"砲军",以便攻城时大量集中使用。

明代的冷兵器,由于火箭的大量使用而逐渐失去优势地位,长兵器中创制了许多杂式兵器,如镋钯、马叉等。短兵器中的刀,在形制上采用日本刀的优点,作了很大改进,并按步兵、骑兵、牌手的特点和战斗要求,制成长刀、短刀、腰刀等。

清代的冷兵器,基本上沿袭明代,清初弓箭是主要武器,19世纪中叶已废除不用。长兵器以长枪为主,短兵器主要是刀。总之,冷兵器到清代已趋于衰落,到19世纪中叶,已基本消灭。

冷兵器与火器并用时期,由于火器应用于战斗,战斗面貌发生了根本性的变化,火力战斗成为战斗过程中的首要阶段和重要阶段。冷兵器时期的战斗,是由一次或几次冲击来解决的,冲击是战斗的全部过程,因此胜败的关键在于冲击的利钝。而火器用于战斗,则是以火器战开始,冲击结束。火器战的强与弱决定着战争的胜负,因此双方都力求加强火力,以便最大量消灭对方。火器战与冲击相结合可以说是这一时期战斗的主要特征,这是战争史上的一次大革命。